August von Kotzebue

Theatergenie zur Goethezeit

von

Armin Gebhardt

Tectum Verlag
Marburg 2003

Gebhardt, Armin:
August von Kotzebue.
Theatergenie zur Goethezeit.
/ von Armin Gebhardt
- Marburg : Tectum Verlag, 2003
ISBN 978-3-8288-8482-3

© Tectum Verlag

Tectum Verlag
Marburg 2003

INHALT

I. LEBENSLAUF 5

II. EINAKTER 13

III. HISTORISCHE SCHAUSPIELE 33

IV. EXOTISCHE SCHAUSPIELE 41

V. RÜHRSELIGE SCHAUSPIELE 59

VI. LUSTSPIELE 73

VII. MEISTERDRAMEN 101

VIII. ZUSAMMENFASSUNG 129

I.

Lebenslauf

Im Jahre 1761 wird August Kotzebue in Weimar als Sohn eines herzoglichen Legationsrates geboren. Dieser hatte sich während der Regentschaftszeit der dortigen Herzogin Anna Amalie als deren umsichtiger Kabinettssekretär erhebliche Verdienste erworben. Die Herzogin attestierte denn auch nach seinem frühzeitigem Ableben:

> „Der anno 1761 verstorbene Legationsrat Carl Christian Kotzebue, ein Sohn des weyland Herzogl. Braunschweigischen Commissionsrates Johann Ludwig Kotzebue, hat mir ....bis an seinen Tod redlich und zu meiner Zufriedenheit gedient."

Die Erziehungslast liegt auf der Mutter, die den Sohn bis zum Jahre 1776 das Weimarer Gymnasium besuchen und durch eine Hausgouvernante ihm vorzügliche französische Sprachkenntnisse vermitteln läßt.

Danach studiert der junge Kotzebue an den Universitäten Jena und Duisburg erst Sprach-, dann Rechtswissenschaften, legt anschließend das juristische Examen ab und wird 1781 in Weimar als Advokat zugelassen. Schon während seiner Studienzeit hat er sich Liebhaberbühnen angeschlossen und wendet auch jetzt in Weimar, wo er sein erstes Lustspiel niederschreibt, sein Interesse weit mehr dem Theaterwesen als der Anwaltstätigkeit zu.

Als Versuche, am herzoglichen Hof eine Festanstellung zu erlangen, fehlschlagen, reist er nach St. Petersburg, wo der mit seiner Familie befreundete preußische Gesandte am Zarenhof, Graf Görtz, ihm eine Beschäftigung bei dem Generalingenieur von Bauer vermittelt. Der seinerseits betraut ihn, als er des jungen Kotzebues Fähigkeiten erkennt, alsbald mit der Leitung des finanziell freilich ungenügend abgesicherten deutschen Theaters der Stadt. Neben einem Lustspiel entsteht in kürzester Zeit die Tragödie „Demetrius, Zar von Moskau".

Im Jahre 1783 wird Jurist Kotzebue zum Assessor am Oberappellationsgericht im estnischen Reval berufen. Neben seiner beruflichen Tätigkeit betreibt er zunächst auf dem Gut des Barons Rosen, später in Reval selbst eine Liebhaberbühne. 1785 heiratet er die einer einflußreichen livländischen Adelsfamilie entstammende Friederike von Essen; nach deren Tod 1790 Christiane von Krusenstern. Mit Zustimmung der Zarin Katharina II. ernennt der estnische Generalgouverneur 1787 Kotzebue zum Präsidenten des Revaler Gouvernementsmagistrates, was mit der Verleihung des personengebundenen Adelstitels verbunden ist. Auf dem eigenen Liebhabertheater findet im Jahre 1788 in Reval die Uraufführung seines Schauspiels „Menschenhaß und Reue" statt; das Stück wird auf anderen Bühnen mit durchschlagendem Erfolg nachgespielt, der Ruhm des Autors dringt binnen kurzer Zeit über Deutschland hinaus auch in andere europäische Länder vor; seine Bühnenwerke werden in andere Sprachen übersetzt.

Anläßlich einer Erholungskur in Bad Pyrmont wird er mit dem schriftstellerischen Arzt Johann Georg Ritter von Zimmermann bekannt und schaltet sich in dessen Literaturfehde mit profilierten Aufklärern ein. Gegen einen von denselben richtet sich der Titel Kotzebues anonym herausgegebener Schmähschrift „Doktor Bahrdt mit der eisernen Stirn oder die deutsche Union gegen Zimmermann, geschrieben zu Bremen am Tage des Erzengels Michael von dem Erzschalk Knigge." Doch nicht nur Bahrdt, sondern auch andere Zimmermannsgegner werden hier derart obszön-fäkalischen Passagen beschmutzt, daß sich ein Sturm der Entrüstung im deutschen Literaturblätterwald erhebt, nachdem der Name des Anonymus bekannt geworden. Selbst die Zarin ist über Kotzebues Unflätigkeiten empört. Sicherlich auch auf höheren Druck hin stellt er 1795 sein Revaler Präsidentenamt zur Verfügung. Auf seinem Gute Friedenthal bei Narwa verfaßt er weitere sehr erfolgreiche Bühnenstücke, die nun auch ins Russische übersetzt werden. Doch nur mühsam und mit Zeitabstand vermag er seinen ramponierten Ruf durch weiter ansteigenden Autorenruhm auszubalancieren.

Mit Einwilligung des neuen Zaren Pauls I. folgt Kotzebue 1797/98 einer Einladung nach Wien, wo er von Kaiser Franz II. in Audienz empfangen wird. Engagiert leitet er nun das Wiener Burgtheater und hat beim Publikum mit seinem neuen Schauspiele „Die silberne Hochzeit" und später mit der Komödie „Die beiden Klingsberg" außerordentlichen Erfolg. Infolge fortgesetzter Intrigen seitens der Hofschauspieler legt er jedoch Ende 1798 die Theaterleitung nieder. Gleichwohl erhält er nach der kaiserlichen Ernennung zum Hoftheaterdichter auf Lebenszeit eine Jahrespension von 1000 Gulden.

Über ein Jahrzehnt später erinnert sich Beethoven der beiden Festspiele August von Kotzebues und komponiert 1811 in Teplitz die Musiken zum Vorspiel „König Stephan" und zum Nachspiel „Die Ruinen von Athen" (op.113,117) anläßlich der Einweihung des Budapester Theaters.

1799 wieder in Weimar, erfährt Kotzebue seine entschiedene Ablehnung durch die im Jenaer Symposium versammelten Frühromantiker um die Brüder und um Ludwig Tieck. Deshalb veröffentlicht er noch im gleichen Jahr eine einaktige Literatursatire mit dem Titel „Der hyperboräische Esel oder die heutige Bildung. Ein drastisches Drama und philosophisches Lustspiel für Jünglinge." In ihr wird ein von der Universität heimkehrender, hypergescheiter Studiosus vorgeführt, dessen hochgestochene Reden mit Passagen und Wortfetzen aus Friedrich Schlegels „Athenäums-Fragment" und dessen umstrittenen

Roman „Lucinde" durchsetzt sind. Postwendend versucht nun August Wilhelm Schlegel in einer eigenen Satire „Ehrenpforte und Triumphbogen für den Theaterpräsidenten von Kotzebue bei seiner gehofften Rückkehr ins Vaterland" (1800) den aus Wien Angereisten lächerlich zu machen; etwa in solchen Versen wie „Im Bahrdt warst du bemüht, den niedern Haufen / mit Zoten und Pasquillen zu erkaufen" oder dem Refrain: „Oh Schand' und Spott! Du Sansculott!"

So treibt es denn Kotzebue in seine Zweitheimat zurück. Beim Passieren der russischen Grenze muß er seine schlimmste Überraschung erleben. Gleich hinter dem preußisch- russischen Schlagbaum wird er von Frau und seinen drei kleinen Kindern getrennt, arretiert und von Polangen über Mitau, St. Petersburg, Polocz, Smolensk, Moskau, Nischni, Nowgorod, Kasan, Perm, Jekatarinenburg, Tjumem bis ins sibirische Tobolsk eskortiert, dort und in der Kleinstadt Kurgan festgehalten. Die Verbringung und die monatelange Verbannung in der Einöde hat Kotzebue in seinem späteren Bestseller „Das merkwürdigste Jahr meines Leben. Als Verbannter in Sibirien" eingehend beschrieben. Auch den Tag, an dem er glaubte, daß ihm das Todesurteil verkündet würde, und an dem er stattdessen die Mitteilung des zuständigen Gouverneurs erhielt, ihn auf Allerhöchste Order „augenblicklich in Freiheit zu setzen, ihn nach Petersburg zu bringen und ihn auf Kosten der Krone mit allem was er brauche und begehren werde, zu versehen." Noch im Sommer trifft er in St. Petersburg wieder mit Frau und Kinder zusammen. Nachdem der Zar zufällig Kotzebues anrührendes Bühnenstück „Der alte Leibkutscher Peters des Dritten" gelesen und genauere Nachforschungen angestellt hatte, wird jedweder - wohl durch teuflische Intrigen ausgelöster - Verdacht aufgehoben. Der Zar empfängt Kotzebue in Audienz, entschuldigt sich für den fatalen Irrtum, bestellt ihn erneut zum diesmal hochbesoldeten Leiter der immer populärer werdenden Hoftheatertruppe in

St. Petersburg, ernennt ihn zum Hofrat und schenkt ihm wiedergutmachungshalber das livländische Krongut Worroküll.
Doch erst nach der Ermordung des unberechenbaren Zaren Pauls I. riskiert unter seinem Nachfolger Zar Alexander I. Kotzebue die Reise mit Familie nach Deutschland:

> „Als der Schlagbaum hinter uns fiel und bald darauf der Preußische Adler uns winkte, oh, warum sollte ich mich schämen, zu gestehen, daß ich in Tränen ausbrach, die ich, von meiner guten Frau innig umarmt, an ihrem Herzen sanft verweint."

So der inzwischen auch noch zum Kaiserlich-Russischen Kollegienrat Ernannte. Anläßlich eines neuerlichen Aufenthaltes Kotzebues 1801 in Weimar kommt es zu Unstimmigkeiten zwischen ihm und Hoftheaterdirektor Goethe; der braucht seine Stücke zwar als Kassenschlager, verlangt jedoch unzumutbare Textänderungen. Nach dem Tod seiner zweiten Frau 1803 heiratet er deren Cousine und unternimmt mit dieser eine Hochzeitsreise bis nach Rom und Neapel. Im gleichen Jahr erfolgt Kotzebues zweiter Besuch in Paris, wo er Frankreichs allmächtigem Herrscher Napoleon Bonaparte vorgestellt wird. Unter dem 30.11.1803 berichtet er seinem Freunde Böttiger:

> „Ich bin hier über alle Beschreibung gut aufgenommen worden. Fast möchte ich sagen, hier habe ich erst gelernt, was ich wert bin. Der Prophet gilt nichts in seinem Vaterlande. Hier, wo man kein Zwanzigstel meiner Schriften kennt, erhebt man mich bis in die Wolken. Der erste Konsul und seine beyden Collegen haben mich mit Höflichkeit überhäuft. Alle die ersten und besten Häuser haben mich mit Empressement zu sich geladen.- Ich könnte noch zwei Bogen vollschreiben, wenn ich alle die Höflichkeiten erzählen wollte, mit welchen man mich überhäuft. Ich will Ihnen auch recht gern ge-

stehn, daß meiner Eitelkeit sehr dadurch geschmeichelt wird."

Anläßlich seines dritten Parisbesuches im Folgejahr 1804, dem Jahr der Kaiserkrönung Napoleons, schlägt dann freilich sein Haß gegen den späteren Tyrannen halb Europas hoch.

Auf Wunsch des preußischen Königspaares siedelt Kotzebue noch 1803 nach Berlin über, wo ihm ein großer Theatererfolg nach dem anderen zuteil wird. Jetzt avanciert er endgültig zum meistgespielten Bühnenautor Europas. König Friedrich Wilhelm III. beruft ihn zum Mitglied der Berliner Akademie der Wissenschaften und ernennt ihn zum Magdeburger Kanonikus. Zusammen mit Garlieb Merkel gibt er 1804-1806 die Zeitschrift „Der Freimütige" mit gelegentlichen antinapoleonischen Passagen heraus. Nach dem militärischen Zusammenbruch Preußens 1806 zieht sich Kotzebue auf seine estnischen Güter zurück, wo er bis zum Befreiungsjahr 1813 eine Fülle weiterer Bühnenstücke verfaßt und zugleich Napoleon publizistisch bekämpft. Der Zar ernennt ihn zum russischen Generalkonsul in Königsberg.

Im Zeichen der stark konservativ geprägten Heiligen Allianz zwischen Rußland, Preußen und Österreich beauftragt ihn Rußlands Außenminister Graf Nesselrode mit der Übermittlung von Zustandsberichten aus dem deutschen Raum, vor allem Literatur, Bildung und Erziehung betreffend.

Unter dem 5.6.1817 teilt Kotzebue aus Weimar seinem Freund Böttiger in Dresden mit:

> „Mein jetziger Beruf ist einer der angenehmsten. Ich bin Staatsrat im College des affaires étrangeres und habe den Auftrag, dem Kaiser selbst drei- oder viermal im Jahr über alle neuen Ideen zu rapportieren, welche Religion, Politik, Kriegskunst, Finanzen, Wissenschaften, Gesetzgebung, öffentlichen

Unterricht und Ackerbau betreffend, durch den Druck in Europa in Umlauf kommen, ein tableau général dieser Art von Literatur. Dafür gibt mir der Kaiser jährlich ca. viereinhalbtausend Taler und die Erlaubnis, den Ort meines Aufenthaltes da zu wählen, wo ich es für mein Geschäft am bequemsten finden werde. Dieses Geschäft ist allerdings sehr zeitraubend, aber auch sehr angenehm und erhebend. Da der Kaiser sicher meine Bulletins lesen wird, so fühle ich, was ich auf Rußland werde wirken können."

Bald gilt Kotzebue in deutschen Linkskreisen als russischer Spion. Haß gegen ihn kommt vor allem in den deutschen Burschenschaften auf, die er als „Brutstätten der Revolution" bezeichnet, deren aufrührerisches Gebaren er scharf und massiv angreift. In seinem „Wochenblatt" ruft Kotzebue die Regierung sogar auf, „von ihren Universitäten die Studenten-Willkür zu verbannen".

Der meistgefeierte Bühnenautor wird unter den Studenten der meistgehaßte Mann. Auf ihrem Wartburgfest vom 18.10.1817 verbrennen sie öffentlich seine „Geschichte des deutschen Reiches" auf dem Scheiterhaufen.

Einer der Burschenschaftler, der fanatische Theologiestudent Karl Ludwig Sand, erdolcht am 23.3.1819 den ahnungslosen Kotzebue in Mannheim. Sand wird zum Tode verurteilt und am 20.5.1820 öffentlich guillotiniert. Entsetzen und Empörung über die Mordtat erfaßt breite Volkskreise. Auf allen großen Bühnen finden Gedenkfeiern für das Theatergenie Kotzebue statt, der auch postmortal noch für lange Zeit die Spielpläne beherrscht.

Die Bluttat zeitigt nicht den seitens der Burschenschaften gewünschten, sondern den gegenteiligen Effekt: auf Betreiben des österreichischen Staatkanzlers Metternich setzen die deutschen Regierungen die sog. Karlsbader Beschlüsse" noch im Jahre 1819 in die Tat um: im Zug der Restabilisierung der absolutistischen Fürstenmacht werden die Burschenschaften verboten und die Universitäten bei Entzug ihrer bisherigen relativen Autonomie scharfer staatlicher Kontrolle unterstellt. Freie demokratische Wahlen sind erst in Bismarcks Zweitem Deutschen Reich seit 1871 zugelassen.

II.

EINAKTER

Verhältnismäßig selten hat Kotzebue eine solche Kurzform für Geschehnisse ernsteren Inhalts gewählt.

Etwa anläßlich des „Ländlichen Gemäldes" nach einer von Bouilly in dessen Contes à ma fille erzählten Anekdote: Die junge Susette hat anläßlich des ihr aufgetragenen Milchverkaufes heute einen Käufer gefunden, der ihr die gesamte Ware zum doppelten Preis abgenommen hat. Auf diesen alten Mann wird ihr Freund Peter eifersüchtig. Deshalb heult Susette. Doch Beide raufen sich wieder zusammen, wollen bald heiraten und einen gemeinsamen Milchverkauf betreiben. - Nach Peters Weggang erfährt der Platzeigner, der greise Lamoignon de Malesherbes, daß Susette regelmäßig heimlich seine Gartenrosen begießt. Zum Dank bricht Lamoignon ihr eine besonders schöne Rose. Peter verdächtigt sie deren Diebstahls. Den streitet sie ab; er glaubt ihr nicht. Bei dem Streit will sie ihm den Laufpaß geben. Da greift der alte Herr versöhnend ein und schenkt ihnen aus dem Bereich seiner Liegenschaften ein kleines Bauerngut.

Monologmäßig bestreitet Lamoignon die 1.Szene mit 60, Susette die 2.Szene mit 40 vierfüßigen gereimten Jamben. Der nichtssagenden Handlung wäre Prosa angemessener gewesen.

☙☙☙☙☙☙☙

Ebenfalls einer „wahren Anekdote" folgt der Einakter „Der alte Leibkutscher Peter des Dritten." Der, ein gewisser Hans Dietrich, befindet sich schon längst auf dem Altenteil. Zufällig bekommt er die Elendslage des Tischlers Lebrecht mit den die schwere Erkrankung seiner Frau in jammervolle Armut gebracht hat. Tischlergeselle Peter muß sich anderswo Arbeit suchen und kann Ännchen, seines Meisters Tochter, nicht heiraten. Der ehemalige Leibkutscher spricht anläßlich einer Truppenparade den Zaren an und berichtet ihm von der wirtschaftlichen Not der Tischlerfamilie. Der Zar schenkt ihm 20000 Rubel, die Dietrich sogleich an die Familie weiterleitet. Ännchen und ihr Peter können jetzt heiraten. Alle bringen ein Dankeshoch auf den Zaren aus.

Für die Bühne bringt solche Kurzhandlung nicht viel. Doch der Einakter fiel rein zufällig Zar Paul I. im Jahre 1800 in die Hände. Die Lektüre rührte ihn an. Deren Autor betreffend ließ er sofort intensive Nachforschungen anstellen. Kotzebues sibirische Verbannung nahm ihr abruptes Ende.

܀܀܀܀܀܀܀

Nahezu alle anderen Einakter des Bühnenroutiniers schöpfen aus dem Komödiantischen, Possemäßigen, Schalkhaften. Niedergeschrieben wurden sie öfter auf Bestellungen von Bühnenleitern hin, die damit einen Theaterabend anreichern, ergänzen, abrunden wollten. Zumeist dürfte jedoch der Anlaß der Niederschrift das Verlangen von nichtprofessionellen Liebhaberbühnen gewesen sein, die mit der darstellerischen Realisierung solcher Einakter in größere Vorhaben, in anspruchsvollere Aufgaben hineinwachsen wollten. Kotzebues Zeugnisse innerhalb dieser Gattung sind von ganz unterschiedlichem Wert.

So hat er mit dem „Landhaus an der Heerstraße" eine ziemliche Niete gezogen.

Kammerdiener Balthasar und Kammermädchen Nettchen ärgern sich, daß vor ihrem eigenen Zugriff ein Herr von Lorch jenes Landhaus käuflich erworben hat; sie wollen ihn dort hinausekeln. Entsprechenden Versuchen im Tagesabstand sind die Szenen 3 bis 13 gewidmet. Balthasar bietet Herrn von Lorch 10000 Taler für ein Haus, das nur 9000 Taler wert sei, das von Schwamm befallen sei, in dem es spuke, das während der Frühjahrsschwemme unter Wasser stehe. Lorch lehnt ab: das Haus möge etwas baufällig sein; doch das Grundstück finde er gemütlich, und das entscheide. Nettchen kündigt Lorch an, ihm an jedem Tag auf die Nerven gehen zu wollen. Der als Bettler verkleidete Baltasar hingegen will mit seinen fünf Kindern ihm alltäglich mit Bettelliedern die Ohren vollheulen. Lorch verbietet Nettchen, vor seiner Gartenlaube Wäsche aufzuhängen. Der als Rekrut verkleidete Baltasar will an jedem Tag vor seinem Hause trommeln. Tags drauf droht er als Sergeant verkleidet dem Lorch an, in seinem Landhaus eine Militärtruppe einzuquartieren. Die als Marketenderin maskierte Nettchen will in seinem Landhaus ein Kind austragen. Dann wieder kündigt Balthasar als Jäger an, eine hochgradige Jagdgesellschaft benötige das Haus als Unterkunft. In ihm sucht Nettchen als angebliche polnische Kammerjungfer ein Nachtlager für die Gräfin Wrbzinska. Schließlich gibt Herr von Lorch, der jedesmal einen Gulden springen läßt, um den jeweiligen Störenfried loszuwerden, entnervt auf und verkauft sein Landhaus für 8000 Taler sogar unter Wert, nur um sich weiteren Belästigungen zu entziehen.

Schnell wechselt die Sympathie der Zuschauer von den beiden Fieslingen zu Herrn von Lorch hinüber, was der Autor wohl nicht beabsichtigt hat. Für das miese Stück kann Kotzebue sich auch nicht damit entschuldigen, es handele sich ja lediglich um ein Fastnachtsspiel.

༺༺༺༺༺༺༺

Mit dem Einakter „Der Freimaurer" steht es kaum besser. Graf Hecht hat sein Hinterhaus an eine Freimaurerloge vermietet und möchte diskret Näheres über die Geheimnisse der Logenbrüder erfahren. Einer von denselben, ein Baron, belehrt ihn, nicht Neugier, sondern ausschließlich Wahrheitssuche dürfe ihn zum Logenbeitritt veranlassen. Die Situation verkompliziert sich dadurch, daß Caroline, des Grafen Nichte, und der Baron die gemeinsame Ehe anpeilen. Auch sie will schon aus eigener Neugier die Verschwiegenheit des mit ihr verlobten Logenbruders ergründen. So auch gleich in der ersten Szene ihr Monolog in 40 sechsfüßigen gereimten Jamben:

> „Verdammte Maurerei! Die war mit allem Rechte
> Schon längst Skandal und Qual dem weiblichen Geschlechte."

ೞೞೞೞೞೞ

In anderen Einaktern verdirbt sich Kotzebue - zumindest partiell - den Effekt durch Unübersichtlichkeit beim Geschehensablauf. Beispielsweise in dem Stück „Die Fahrt von Berlin nach Potsdam oder der Verschwiegene wider Willen".

Julie von Düna ist nur deshalb mit der Postkutsche von Berlin nach Potsdam gereist, um mit Hilfe des Generals von Wildruff ihren früheren Verehrer, den Fähnrich von Wiesen zu zwingen, die an diesen seinerzeit gerichteten Briefe an sie zurückzugeben. Die Ortsunkundige bittet einen ihr zufällig Begegnenden, den Kommissionsrat Frosch, sie zum Hause des Generals zu begleiten. Beiden stellt sich plötzlich jener Fähnrich von Wiesen in den Weg. Den können sie abhängen, weil ebenso unvermutet der Hauptmann Trott auftaucht, der seinen Freund Wiesen beschwört, freiwillig jene Briefe der Frau von Düna zurückzugeben. Schließlich erscheint auch noch deren Ehemann, der Major von Düna. Der macht dem Fähnrich zum Vorwurf, er prahle mit jenen früheren Briefen seiner Frau; und dadurch fühle er sich selbst beleidigt und fordere deshalb Wiesen zum Duell. Während Julie von Düna des Generals Haus aufsucht, verdächtigt ihr Mann den ahnungslos zurückgebliebenen Frosch, er wolle seine Frau dem Wiesen zuführen. Trott seinerseits, dem Wiesen die Briefe aushändigt, will das Duell verhindern. Dasselbe findet dennoch statt; dabei wird Wiesen verwundet, der Major wegen offiziellen Duellverbots vom General arretiert. Der eröffnet ihm kurz danach, seine Frau habe lediglich jene an Wiesen gerichteten Briefe zurückerhalten wollen, und rät ihm, als ihm Trott dieselben überreicht, eine Aussöhnung mit seiner Frau herbeizuführen.

Das Lustspielhafte soll nun wohl darin liegen, daß der hilfsbereite Kommissionsrat Frosch verwundert zwischen alle Fronten gerät und schließlich auch noch selbst mit einer Duellforderung konfrontiert wird. So ähnelt er dem Don Manuel in der Eröffnungsszene von Calderons „Dame Kobold", glücklicherweise nicht mit so bedenklichen Folgerungen.

<center>~~~~~~</center>

Fahrig nervöse und obendrein vergeßliche Väter stellen in der einaktigen Posse „Die Zerstreuten" der Major von Staubwirbel und der Hauptmann von Mengenkorn dar. Majorstochter Charlotte und Hauptmannssohn Carl lieben sich. Die Eine soll an einen sechzigjährigen Militärkameraden ihres Vaters, der Andere an ein reiches Mädchen verheiratet werde; doch der sechzigjährige hat soeben das Zeitliche gesegnet, und jenes Mädchen ist mit einem Liebhaber durchgebrannt. Der Hauptmann gibt gleich eine Probe seines Orientierungsvermögensverlustes: er macht Lottchen Vorwürfe, seinen Sohn besucht zu haben, und merkt dabei in seiner Zerstreuung nicht, daß er sich nicht in seiner eigenen, sondern in des Majors Wohnung befindet. Seinem Sohn macht er Vorwürfe, Lottchen nachzustellen, und sperrt ihn deshalb in dessen Zimmer ein, das jedoch in Wirklichkeit Lottchen gehört. Als der Hauptmann gegangen, erscheint der Major und wundert sich, das Lottchens Zimmer abgeschlossen ist. Er schließt sie auf; Lottchen und Carl kommen zum Vorschein, Carl als Putzmacherin verkleidet. Seine Tochter sperrt der Major in seine Bibliothek ein und entlarvt zu seiner Bestürzung sehr bald den Hauptmannssohn. Der rechtfertigt seinen Verkleidungsversuch damit, daß der Major zuvor angedroht habe, Jeden zu erschlagen, der sich bei seiner Tochter aufhalte. Staubwirbel sperrt nun auch ihn in seine Bibliothek ein. Dem alsbald auftretenden Hauptmann eröffnet er, im abgeschlossenen Zimmer die beiden jungen Leute gemeinsam entdeckt zu haben. Der Hauptmann widerspricht: er selbst habe Carl in dessen eigener Kammer eingeschlossen. Daraufhin öffnet der Major die Bibliothekstür: wiederum treten Lottchen und Carl gemeinsam heraus. Nun endlich beschließen die Väter in der 12. Szene, die Beiden miteinander zu verheiraten:

> „Es wäre am besten, wir sperrten die jungen Leute auf ewig zusammen. Denn wir sind beide ein wenig zerstreut. Und um Verliebte zu hüten, muß man alle Sinne und Gedanken beständig komplett beisammen haben."

Nur: Major und Hauptmann, die unabsichtlich sogar auch noch ihre Uniformen vertauschen, sind nicht nur „ein wenig zerstreut" sondern schon im ziemlich fortgeschrittenen Stadium reichlich verkalkt.

❧❧❧❧❧❧

Nicht ganz so arg ist es in der einaktigen Posse „Die respektable Gesellschaft" um den geistigen Zustand der Frau von Altenhayn bestellt. Die in ihrem Haus die alten Damen Schwerfuß, Knoche, Zitterhaupt, sowie die alten Herren Wiese, Schneehaar, Wackelbach, und Greisental um sich versammelt hat, um mit ihnen wie auf einem Liebhabertheater das Schauspiel „Ibrahim Sultan" von Lohenstein einzustudieren. Wechselseitige Sympathie verbindet der Gastgeberin

Enkelin Henriette mit dem Rittmeister Wiese, einem Neffen jenes eingeladenen Herrn Wiese. Soeben hat der Rittmeister durch seinen Reitknecht Striegel einen Liebesbrief an Henriette abgeben lassen. Doch Frau von Altenhayn fängt denselben ab und will nun vor der „respektablen Gesellschaft" jener alten Leute ihre Enkelin „vor Gericht ziehen". Also wird Henriette zu den Alten wie vor einen hochnotpeinlichen Spruchkörper hinzitiert. Die Großmutter liest jenen Brief vor und droht ihr an, sie umgehend mit dem alten Amtshauptmann von Brucksen verheiraten zu wollen. Als nun das einzustudierende Lohensteinsche Schauspiel im Hause Altenhayn realisiert werden soll, wird die Rolle einer darin vorgesehenen jungen Liebhaberin notgedrungen an Henriette übertragen, weil nur sie imstande, anläßlich einer Entführung rollenvorschriftsgemäß zum Fenster hinauszuspringen. Doch noch fehlt der junge Liebhaber. Mit Hilfe seines Onkels wird Rittmeister Wiese, verkleidet als älterer Mann mit Bart und Perücke, in den Darstellerkreis aufgenommen. Gegen Ende des Stückes müssen nun die Liebesleute eine Leiter hochsteigen und - was die alten Leute unmöglich zustande brächten - durch jenes geöffnete Fenster hinauszuspringen. Kurz danach muß die Großmutter feststellen, daß die Beiden draußen nicht mehr zu sehen sind. Kammerfrau Barbara Runzel meldet, daß die beiden Jungen in einer bereitgestandenen Fluchtkutsche auf und davon. Ganz zuletzt kehren die sich Liebenden zurück und erhalten seitens der Frau von Altenhayn auch den Familiensegen. Doch richtet diese ihnen die Hochzeit unter der Bedingung aus, daß daran nur Gäste über 60 Jahre teilnehmen dürfen; denn jüngere Zeitgenossen seien ohnehin nichts wert.

Die Posse ist zwar lacherregend, gerät aber bereits über die Grenze zur Unwahrscheinlichkeit hinaus. - Die 11. Szene mit dem Monolog von 88 gereimten Jamben der Gärtnerstochter Klärchen als Amor langweilt und ist als überflüssig zu streichen.

Der ziemlich verunglückte einaktige Schwank „u.A.w.g. oder Die Einladungskarte" wickelt sich zunächst in einem Wirtshaussaal ab. Leutnant Schwan der gerade mit seinem Jugendfreund Ferdinand Blase zecht, liebt Amalie, die siebzehnjährige Tochter des Amtmanns Vierling. Der hat sie jedoch seit Jahren Ferdinands Vater, dem Arzt Dr. Blase, versprochen. Zum Dank dafür, daß dieser ihn von schwerer Krankheit kuriert habe.

Die Verrücktheit, sein Kind wie eine Sache zu verhökern, offenbart sich als Zeitgebrechen während der 4.Szene im Dialog zwischen Vierling und seiner Tochter. Das junge Mädchen mochte den alten Mann nicht, auch wenn er rüstig sei und sich mit dem Verzehr von Ginsengwurzeln jung erhalte.

    Amtmann: „Du sollst ihn auch nicht lieben. Du sollst ihn nur heiraten, um eine alte Schuld deines Vaters zu tilgen und sein Wort einzulösen."
    Amalie: „Also eine Heirat ohne Liebe!?"
    Darauf der Amtmann: „Das ist in der Regel. Die Heiraten mit Liebe sind selten und gedeihen oft nicht einmal."

Um den sich Liebenden aus der Patsche zu helfen und zugleich seinem Vater eins auszuwischen, dirigiert Schlitzohr Ferdinand mittels raffinierter Täuschung Vierling und Tochter einerseits, seinen Vater Dr. Blase andererseits in die Wohnung seines Freundes Schwan, wo er dessen livrierten Diener spielt. Der Amtmann wähnt sich im Hause von Dr. Blase, während dieser sich wundert, daß hier ein Abendball stattfinden soll. Schließlich bekennen sich Amalie und der Wohnungsinhaber, Leutnant Schwan, in überzeugender Deutlichkeit zu ihrer Liebe. Doch Dr. Blase besteht energisch auf seiner Hochzeit mit Amalie. Im Amtmann siegen Herz und Vernunft: er gibt seine Tochter und Schwan zusammen. Dem protestierenden Arzt hält er entgegen: „Sprich selbst, du alter Knickebein! Soll ich das blühende Mädchen in einer lebendigen Apotheke begraben?" Dr. Blase wütend auf und davon.

Die vier gepunkteten Buchstaben im Schwanktitel „u.A.w.g." haben anfangs für ein Mißverständnis gesorgt. Blase meint damit auf seiner Einladungskarte an Vierling „Um Antwort wird gebeten". Der jedoch verstand unter der Abkürzung „Und Abends wird getanzt". Ferdinand deutet sie um „Und Amor wird gebieten" und trifft ganz am Schluß ins Schwarze: „Unverständiges Alter wird geprellt."

Als noch unglaubwürdiger weist sich der Lustspiel-Einakter „Das Posthaus in Treuenbrietzen" aus. In ihm will sich nach sechs Jahren das Ehepaar von Blumenau wiedersehen. Seinerzeit wurden sie im Alter von zwölf Jahren miteinander verheiratet, doch gleich anschließend voneinander getrennt. Inzwischen hat es Blumenau zum jungen Kavallerieoffizier gebracht; Elise von Blumenau ist ihm mit ihrem Kammermädchen Therese entgegengereist. Doch auf beiden Seiten wird die Identität verleugnet. Blumenau gibt sich als ein Herr Falkenberg aus und läßt seinen Freund, den Kavallerieoffizier von Balding den Herrn von Blumenau spielen. Elise ihrerseits tritt sogar als die Generalsehefrau von Wellenthal auf. Doch die beiden Offiziere durchschauen den Schwindel, weil jener General überhaupt nicht verheiratet ist. Therese ahnt, daß jener Falkenberg der wirkliche Angetraute ihrer Herrschaft ist. Doch der gibt sich als deren Ehemann erst in dem Moment zu erkennen, in dem zum Nachtschlaf Elise den Herrn von Balding auf ihr Zimmer mitnehmen will.

Am Silvestertag des Jahres 1799 spielt der Einakter „Das neue Jahrhundert". Der reiche Kaufmann Werlhof streitet sich mit seiner aufgeweckten Tochter Minchen darüber, ob das neue Säkulum - das 19.Jahrhundert - am 1.1.1800 oder erst am 1.1.1801 beginnt. Der Vater plädiert für den Neujahrstag 1800, weil er mit Beginn des neuen Jahrhunderts ein dem alten Schmalbauch hingegebenes Darlehen zurückfordern kann, die Tochter für den Neujahrstag 180, weil sie dem jungen Schmalbauch zugesagt hat, noch im ablaufenden Jahrhundert ihm mitzuteilen, ob sie ihn heiraten will oder nicht. Solcher zeitlicher Aufschub ist an sich nicht erforderlich, weil Minchen ihren verarmten Eduart liebt, dessen Erklärungsscheu eben auf jener Mittellosigkeit beruht. Die beiden Schmalbauchs erscheinen bei Kaufmann Werlhof. Um die Darlehensrückforderung hinauszuschieben, stellt sich der alte Schmalbauch vorübergehend vom Schlag getroffen tot. Doch der Schreck macht ihn lebendig, als Werlhof beiläufig erzählt, soeben in den Bankrott getrieben zu sein. Erneut stellt er sich tot, als die herbeigerufenen Ärzte seine Leichenstarre diagnostizieren wollen. Als sie ihn jedoch an Ort und Stelle zu obduzieren gedenken, wird der Alte sofort wieder lebendig. Sein Sohn, der es auf Minchens reiche Mitgift abgesehen hat, verläßt kurzerhand die bisher Angebetete, als er den Bankrott ihres Vaters mitbekommt. Nun wagt es Eduart endlich, seinem in Armut gefallenen Minchen den Heiratsantrag zu machen. Vater und Tochter amüsieren sich über sein Erstaunen, als ihm eröffnet wird, jene Bankrotterklärung sei nur ein aufhellender Bluff gewesen.

Die mit sicherer Hand schnell und einfallsreich vorangetriebene Handlung der Posse leidet an ihrer Unglaubwürdigkeit. Vor allem an der Wiederholungsleiche des Herrn Schmalbauch.

Nun hat während der drei Jahrzehnte seiner schöpferischen Wirksamkeit August von Kotzebue freilich auch Einakter niedergeschrieben, in denen der lustspielhafte Qualitätspegel ansteigt.

Eine sehr einfache, aber logisch und konsequent entwickelte Handlung bietet das Dreipersonenstück „Der häusliche Zwist".

Mann und Frau streiten sich um das im letzten Ehejahr angesparte Geld. Davon möchte er sich ein Reitpferd kaufen, sie hingegen eine Spitzengarnitur. Die Eheleute tragen einem Nachbarn ihre unterschiedlichen Erwerbswünsche vor. Der spricht dem Mann unter vier Augen nach dem Mund, setzt bei ihm dessen Frau herab und rät zur Scheidung. Ebenfalls unter vier Augen bei der Frau das Entsprechende. Während der 9.Szene findet die Frau zufällig ein Gedicht ihres Mannes zu ihrem morgigen Geburtstag, in welchem er für sie in „reinster Liebe glüht". Der Nachbar verläßt sie in unterdrücktem Zorn, weil er nicht Beide auseinanderzubringen vermocht hat. Nun rücken Mann und Frau in ihren Sesseln langsam aneinander näher, zweifeln immer mehr an der Richtigkeit des Scheidungsvorhabens und durchschauen schließlich die hinterlistigen Absichten des Nachbarn. Sie gedenken vergangener glücklicher Stunden und landen schließlich in wechselseitiger Umarmung.

Die gereimten Jamben mit sechs Hebungen stützen seltsamer Weise die komische Komponente. Die acht Moralverse des Mannes zum Abschluß erweisen sich allerdings als deplaziert.

☙☙☙☙☙☙☙

Wie zumeist in Kotzebues Einaktern ist auch in dem Kurzlustspiel „Der Gefangene" das Bühnenbild auf ein Zimmer beschränkt. Hier auf das der Witwe Stern, die als baldigen neuen Ehemann einen gewissen Herrn Schlichtmann erwartet, Onkel des Schloßgefangenen West, der vis à vis dem Stern'schen Haus im Turm des Schlosses inhaftiert ist, in welchem der Major Hellborn das Kommando führt. Die Inhaftierung ist auf Onkels Wunsch hin auf Grund einiger von West verübten üblen Streiche erfolgt. Wenn auch nur mittels Blickkontaktes, so ist doch über die Straße hinweg Zuneigung bei West und bei Witwe Sterns Tochter Louise zueinander erwacht. Den Besuch von Wests Onkel Schlichtmann meldet dessen Diener bei der Frau Stern an. Wovon nun aber die Beteiligten außer West keine Kenntnis haben: von dessen Haftzelle führt ein Geheimgang in ein Nebenzimmer des Stern'schen Hauses.

So steht denn West plötzlich im Raum und bittet seines Onkels Diener Klotz, ihn der Witwe Stern als Ehemann in spe vorzustellen. Die wundert sich, das ihr vierzigjähriger Zukünftiger wie ein Zwanzigjähriger aussieht. Louise ihrerseits erschrickt über dessen Ähnlichkeit mit dem Inhaftierten im Schloßturm gegenüber. Überraschend findet sich Schloßkommandant Hellborn ein, der Herrn Schlichtmann, den Bruder eines Freundes, persönlich kennenlernen will. Von der unglaublichen Ähnlichkeit zwischen dem angeblichen Freundesbruder und seinem Inhaftierten West ist er völlig frappiert. Unbemerkt zieht sich West durch jenen Geheimgang in seine Zelle zurück, als die Ankunft seines Onkels, des wirklichen Herrn Schlichtmann, gemeldet wird. Witwe Stern völlig konfus: „Noch ein Schlichtmann?" Der Onkel erkundigt sich bei dem ebenfalls irritierten Hellborn nach seinem bei ihm einsitzenden Neffen. Der Schloßkommandant: dessen Führung sei so gut, daß er entlassen werden sollte. Sodann begleitet er Schlichtmann hinüber zu dem Schloßturm, in dessen Haftzelle der Onkel seinen Neffen begrüßen will. Der aber taucht zur gleichen Zeit bei der perplexen Frau Stern auf und macht - schlimmer noch - deren Tochter Louise eine glühende Liebeserklärung. Hellborn und Schlichtmann drüben sind jedoch hinter das Geheimnis von Falltür und Geheimgang gekommen und treten deshalb ebenfalls unerwartet durch die Seitenzimmertür bei der Witwe ein. Zwei Paare finden sich; Hellborn nimmt es mit Humor.

Die Doppelexistenz Wests, der abwechselnd Neffen und Onkel mimt, löst vor allem in der 16. und der 20.Szene Gelächter aus. Gleichwohl erscheint es unglaubhaft, daß Witwe Stern das Ende des Geheimganges in ihrem Nebenzimmer nicht schon längst entdeckt haben soll.

~~~~~~

Auf einer ähnlichen Vorgegebenheit wie im „Gefangenen" baut sich das Geschehen in dem Lustspieleinakter „Die gefährliche Nachbarschaft" auf. Hier verursacht allerdings kein langer Geheimgang, sondern die Durchreiche einer Trennwand zwischen zwei Wohnungen ergötzliche Komplikationen.

Verdeutlichungshalber hat Kotzebue hier sogar Bühnenbildhalbierung vorgeschrieben: die linke Hälfte zeigt das Wohnzimmer des Schneidermeisters Fips, die rechte eine Stube des jungen Untermieters Hollmann im Hause der Madame Zephyr.

Nachdem der Vorhang aufgezogen, sieht der Zuschauer links den Fips, der sein Mündel Lieschen mit wiederholtem Heiratsangebot bedrängt, rechts den jungen Hollmann, der zu dessen Ärger öfters an die Trennwand klopft. Fips verläßt sein Haus. Durch jene - ansonsten gut verdeckte - Maueröffnung springt Hollmann zu Lieschen hinüber; er will sie demnächst heiraten, da nun auch seine Eltern darin eingewilligt hätten. Überrascht werden sie an jener Öffnung von Madame Zephyr, der Hollmann früher einmal den Hof gemacht hat. Hollmann stellt die Empörte ruhig, indem er ihr ein Schweigegeld von 50 Louisdor bietet und sie außerdem noch dazu animiert, sich den Schneider Fips einzufangen. Der langt inzwischen in seinem Zimmer an, greift sich ein Kleid und will hinüber zu Hollmann. Zu diesem ist Lieschen bereits durch die Öffnung geschlüpft und wird von Madame

Zephyr verkleidet. Fips, drüben, (=rechts) endlich angelangt, bringt Hollmann „die Anprobe von dem charmanten Kleidchen, welches der gnädige Herr für eine charmante Dame bestellt habe." Ihm stellt Hollmann Lieschen als Amalie Trommelburg vor. Doch Fips glaubt sie zu erkennen und will die Polizei holen. Hollmann erklärt ihn für verrückt. Während sich nun Fips wieder eilig in sein Haus zurückbegibt, klettert Lieschen nach Ablegen ihrer Verkleidung in das Zimmer links zurück. Dort ist der ankommende Fips bass erstaunt sein Mündel in alter Positur beim Schneidern vorzufinden. Nach der zweiten Anprobe findet Fips bei seiner erneuten Rückkehr in seiner Stube überraschend Madame Zephyr vor, die zu ihm mühsam hinübergekrochen ist und ihm jene sonst von einem Vorhang wohlversteckte Trennwandöffnung entdeckt. Im Zimmer drüben nimmt Fips in ihrer glücklichen Umarmung Hollmann und Lieschen wahr. Daraus zieht er die Lehre: „ein junger Herr bleibt immer eine gefährliche Nachbarschaft, selbst wenn eine Mauer dazwischen ist." Aber Madame Zephyr holt ihn aus seinem Zwischentief: sie liebe ihn heimlich schon längere Zeit. Und da sie in besten Vermögensverhältnissen lebt, erwägt Fips ernstlich eine Heirat mit der strammen Witwe.

Die temporeich servierten Vorgänge prägen sich dem Zuschauer besser ein als die etwas verschlungeneren im „Gefangenen". Die 5.Szene, in der Fips mit Lieschen Süßholz raspelt, und Hollmann hinter der Trennwand ständig seine boshaften Begleitbemerkungen beisteuert, bildet ein Kabinettstück für sich. Für den Zuschauer ein ausgesucht originelles Trio! Daß die sich Liebenden in zeitlich geraffter Kürze jene Trennwand passieren, während Fips umständlich in dem einen Haus die Treppe hochhasten muß, erinnert etwas an Grimms Märchen vom Hasen und vom Igel.

☙☙☙☙☙☙

Der Einakter „Die Tochter Pharaonis" wickelt sich an einer Straße zwischen dem Haus des Pfandleihers Runx und einem Kaffeehaus ab. In letzterem streiten sich die beiden miteinander befreundeten jungen Männer Tippel und Fliederbusch darüber, wer von ihnen die Kaffeerechnung bezahlt. Ihnen gesellt sich der völlig mittellose Uhrmachergeselle Konrad Herzig zu, der sich nach fast herzzerreißender Trennung von der Uhrmachermeistertochter Philippinchen auf Wanderschaft begeben muß, weil ihm das für eine eigene Existenzgründung erforderliche Startkapital von 250 Talern fehlt. Dieses wollen ihm die beiden Kaffeetrinker mit Hilfe eines wertlosen Gemäldes „Die Tochter Pharaonis" verschaffen.

Dieses Bild bietet Fliederbusch vis à vis dem Pfandleiher Runx als einen echten Raffael an. Doch der reicht ihm dafür gerade einmal einen Taler. Kurz danach spricht Tippel bei Runx vor, gibt sich als steinreichen englischen Lord und erfahrenen Kunstexperten aus, drückt sein Erstaunen über den prachtvollen Raffael aus und bietet für das Bild 50 Louisdor. Alsbald stellt sich wieder Fliederbusch bei dem Pfandleiher ein, gibt ihm den Taler zurück und bittet um die Rückgabe des Bildes. Doch Runx will jetzt die ihm so kostbar gewordene „Tochter Pharaonis" unbedingt selbst behalten und zahlt lieber dem Fliederbusch die von diesem verlangten 55 Louisdor.

Die beiden Tippelbrüder leiten den Betrag unverzüglich an Konrad Herzig weiter. Der muß sich nun nicht mehr auf Wanderschaft begeben, sondern kann bei seinem Philippinchen bleiben. Epilog über Runx: „Es liegt doch ein ganz besonderer Reiz in dem Vergnügen, einen Schurken zu prellen."

Bezeichnender Weise ließe sich das Stück mit „Der verramschte Raffael" betiteln.

Ganz anderen Zuschnitts ist der Lustspieleinakter „Der gerade Weg ist der beste."

Demnach muß es offenbar auch einen krummen Weg geben; und der paßt zu dem Predigtamtskandidaten Elias Krumm. Dieser bewirbt sich gemeinsam mit dem Predigtamtskandidaten Friedrich Wahl um eine gut dotierte, freigewordene Pfarrstelle, die der zuständige Kirchenpatron Major von Murten zu vergeben hat. Der möchte die Vergabe damit verbinden, daß der neue Pfarrer die junge Witwe des soeben verstorbenen Pfarrers ehelicht. Dazu zieht er die Pfarrerswitwe Amalie ins Vertrauen. Die ihrerseits schlägt vor, daß des Kirchenpatrons unsympathische Haushälterin Frau Krebs als Amalie eine Werbung entgegennehmen solle. Denn so könne der Kirchenpatron alsbald feststellen, ob es der Bewerber auch auf sinnerfüllte Ehe oder ausschließlich auf eine einträgliche Pfarrstelle abgesehen habe.

Unter Einschaltung eines Wachtmeisters und des Ortsschullehrers führt sich der Kandidat Krumm mit kaum noch zu überbietender devoter Demut bei Major von Murten ein und erklärt sich auf dessen Wunsch hin auch bedingungslos bereit, die Pfarrerswitwe Amalie zu heiraten. Da er dieselbe noch nie gesehen, empfängt ihn als solche Haushälterin Krebs. Bei ihr führt sich Krumm mit einem hymnisch überbordenden Huldigungsgedicht ein. Enthusiastisch trägt er der Krebs die Eheschließung an, als sie ihm eine tolle Mitgift in Form von mehreren Schränken voll Leinwand, Kästen voll Silberzeug und obendrein 5000 Taler in Aussicht stellt.

Inzwischen spricht der andere Kandidat Friedrich Wahl bei dem Major vor. Der ist von ihm auf Anhieb angetan und werde „die Pfarre noch ansehnlich verbessern", falls er die Pastorenwitwe Amalie heirate. Solches Angebot schlägt Wahl entschieden ab, weil er „keiner Frau ein Amt" verdanken möchte. Außerdem könne er auch jetzt noch nicht eine verheiratete Frau vergessen, in die er sich vor fünf Jahren regelrecht verschossen habe.

Herr von Murten bittet Amalie herbei; sie ist die damals Angebetete. Auch sie hat ihrerseits Wahl nicht zu vergessen vermocht. Nach ihrem glückseligen Wiedererkennen erklärt der Kirchenpatron Wahl zum neuen Pfarrer; vor allem deshalb, weil er als redlicher Mensch einen geraden beschritten habe. Dem herzukommenden Krumm hingegen bedeutet er, nur aus pekuniären Gründen die Zusatzbedingung akzeptieren zu wollen; die Witwe des Vorgängers im Amt zu heiraten. Ohne an derselben als Person wirklich interessiert zu sein.

Das Lustspiel ist nicht ungeschickt aufgebaut. Doch ist heutigen Menschen die Funktion eines Kirchenpatronates sehr ferngerückt.

ৡৡৡৡৡৡৡ

Einen zeitlich sehr späten Einakter markiert „die Uniform des Feldmarschalls Wellington", der im Jahre 1814 bei „Kanonendonner in der Ferne" an der französisch-spanischen Grenze im Saal des Wirtshauses zur Weißen Taube spielt. Also noch vor der Schlacht von Waterloo und dem politisch-militärischen Exitus Napoleons.

Dem Wirtsehepaar Kaspar und Babette Miedel eröffnet Wellingtons Adjutant: „der Feldherr, der soeben eine Schlacht gegen die Franzosen gewonnen habe, befinde sich im Hause und habe sich eine Etage höher einquartiert. Nach dem Abgang des Adjutanten tritt ein französischer Präfekt als Engländer auf, dem Frau Miedel ahnungslos von Wellingtons Anwesenheit berichtet. Miedel selbst versucht auf des Adjutanten Wunsch hin dessen nasse Uniform dadurch zu trocknen, daß er sie sich anzieht und in ihr sich dauernd am Herdfeuer im Kreise herumdreht. In Abwesenheit des Präfekten bedeutet ihm der Adjutant ihn mit dieser seiner Rangstufe anzureden, während er ihn, Miedel, mit „Herr Feldmarschall" titulieren werde. Plötzlich erscheint der französische Präfekt mit seinen Wachgardisten und läßt den Wellington vortäuschenden Miedel festnehmen. Heulend verliert der Angsthase die Fassung: „Ich bin aber kein Held! Ich fürchte mich sogar vor meiner Frau." Als die Franzosen dennoch Miedel abführen wollen, werden sie selbst von englischen Kampfsoldaten gefangen genommen. Der Adjutant attestiert dem immer noch halb schockierten Miedel, seine Rolle ausgezeichnet gespielt zu haben und ernennt ihn zu Wellingtons Haushofmeister. Inzwischen ist auch des Feldherrn Uniform wieder trocken geworden.

❧❧❧❧❧❧

Nicht ganz so weit, sondern nur bis Paris entführt Kotzebue seine Zuschauer mit dem „Politischen Lustspiel in 1 Akt", das sich „Der weibliche Jacobiner-Klub" nennt und zur Zeit der französischen Revolution spielt.

In der Ehe des königstreuen Monsieur Duport knirscht es, weil seine Frau zu einer fanatischen Anhängerin der Revolution abgedriftet ist. Das zeigt Auswirkung auf beider heiratsfähige Tochter Julie. Duport wünscht eine Verehelichung mit ihrem Liebhaber, dem Marquis de Rozières. Doch da dieser ein Adeliger, ist Madame strikt dagegen. Der Diener La Brie weiß nun nicht, wie er sich bei dessen Ankunft verhalten soll: Hereinlassen - so Monsieur; Abweisen - so Madame.

Tochter Julie steht noch Schlimmeres bevor. Ihre Mutter, die umtriebig einen weiblichen Jacobiner-Klub gegründet hat, will in denselben ihre Tochter feierlich aufnehmen. Während sie durch die Vorbereitung des Empfanges ihrer Mitrevoluzzerinnen abgelenkt wird, findet sich bei Monsieur Duport Julies Anbeter ein. Der Marquis de Rozières lamentiert über seinen Besuch in der Nationalversammlung, die er habe verlassen müssen, weil in dem Parlamentsgebäude zu laut geschrieen worden sei. Doch draußen auf der Straße fühle er sich auch nicht mehr sicher.

Madames Kammermädchen Antoinette, Gegnerin der Revolution, da sie durch dieselbe als Putzmacherin arbeitslos wurde, rät den Liebesleuten, Madame anläßlich deren Klubsitzung gehörig zu übertölpeln: eine lebensgroße Wachssitzfigur im Gesellschaftssaal solle von ihrem Sockel heimlich entfernt werden, der Marquis in derselben Bekleidung schlüpfen und sodann am bisherigen Platz der Figur möglichst bewegungslos in Sitzpositur die Revolutionstiraden der Jacobinerclubdamen belauschen. Der riskante Austausch gelingt mit Juliens, Antoinettes und La Bries Hilfe.

Die endlich nach und nach eingetroffenen Klubdamen schwören zu Beginn ihrer Sitzung feierlich den Bundeseid: „Wir geloben und schwören, jeden Aristokraten, den wir in unseren Netzen fangen, nach Herzenslust an der Nase herumzuführen; ihm nie eine Gunstbezeugung zu bewilligen; uns nie in einen solchen Menschen zu verlieben; und am wenigsten jemals eine Aristokraten zu heiraten."

Nun führt Madame Duport ihre Tochter Julie als neue Kandidatin in den Kreis der Klubdamen und bedeutet ihr mit Nachdruck: „Die Aristokraten müssen gänzlich ausgerottet werden. Und wie könnte man das besser, als wenn man sie garnicht mehr heiraten läßt? So sterben sie endlich von selbst aus." Julie soll nun das Aufnahmegelöbnis sprechen. Sie weigert sich beharrlich und entschieden. Das empört nun die ideologisch aufgeladenen Damen derart, daß sie das Mädchen an die vorgebliche Wachsfigur auf dem Sockel fesseln und dazu verhöhnen: „Wir gratulieren zur glücklichen Vermählung!" Geistesgegenwärtig Julie zu der Sitzstatue: „Nun Geliebter, so schwöre ich dir ewige Treue." Und die antwortet: „So wie ich dir." Dabei erhebt sich der Marquis, umschlingt sie mit seinen Armen und trägt sie zur Tür hinaus. Laut schreiend fallen darob sämtliche Damen in Ohnmacht.

Nun erscheint Monsieur Duport mit sechs Herren - teilweise den dazugehörigen Ehemännern -, von denen sich jeder liebeslüstern zu einer der Damen legt. Langsam erwachend, schwören die im veränderten Ambiente, statt der Revolution hinfort dem Liebesgott Amor dienen zu wollen. Selbst Madame Duport verfällt in totale Resignation: „Ich widerstehe nicht länger."

Mit diesem ungewöhnlich originellen Stück macht Kotzebue die von ihm verachtete französische Revolution unwiderstehlich lächerlich. Obwohl sie zumindest während ihrer Konventsphase 1792-1795 sich als alles andere als ein erheiterndes Geschehen darstellt. Sodaß dem Marquis in dessen Monolog während der 14.Szene wahrhaftig nicht beigepflichtet werden kann: „Beinahe kommt mir unsere ganze Revolution vor wie ein Fastnachtsspiel."

Die Platzierung des Marquis als Sitzstatue dürfte erheblichen technischen Schwierigkeiten begegnen. Der Überzeugungswandel der Madame Duport gegen Schluß hätte deutlicher herausgearbeitet werden müssen. Dennoch aufs Ganze: ein Bühnenvolltreffer in einem komprimierten Akt!

Im Jahre 1791 wurde er anläßlich der Krönung Kaiser Leopolds II. zum böhmischen König in Prag zum Ergötzen der hohen Herrschaften aufgeführt. Zwei Jahre später wurde der Schwester des Kaiser, Marie Antoinette, Königin von Frankreich, auf Jacobinerbefehl der Kopf abgeschlagen.

III.

HISTORISCHE SCHAUSPIELE

Im Grunde genommen waren Bühnenstücke ernsten Inhalts Kotzebues Naturell zuwider. Das Leichte, Lockere, Heitere mußte er dabei gewaltsam zurückdrängen, das Seichte, Bedeutungslose schaffte sich hier weit mehr Raum als in anderen Dramenkategorien. Warum dann Historisches? Zum eigenen Nachteil wollte Kotzebues diesmal vor allem seinem Zeitgenossen Schiller nacheifern. Der von seiner Dresdener Don Carlos-Jambenfassung angefangen jetzt in Jena, auf Goethes Weimarer Hoftheater und bald auch anderswo mit Wallenstein, Maria Stuart, Jungfrau von Orleans und vor allem mit seinem Tell ein Furore ohnegleichen entfaltete, wenn auch nur auf einen ganz bestimmten Teil der Theaterbesucher beschränkt. Kotzebues Fehlrechnung: er glaubte, auf der gleichen Schiene zum gewohnten Bühnenerfolg zu gelangen. Sein Irrtum hielt ein Jahrzehnt - etwa von 1798 bis 1808 - an. Danach kehrte der Bühnenpraktiker wieder entschlossen zu seinen bewährten Stückinhalten zurück, die er im gleichen Zeitraum - glücklicherweise - nicht vollständig vernachlässigt hatte:

ਙੑਙੑਙੑਙੑਙੑਙੑ

Der „Graf von Burgund" lebt von Wiederbegegnungsszenen Auseinandergeratener. Dem älteren Ritterehepaar Cuno und Gertrud stellt Kotzebue das jüngere Paar Heinrich/Elsbeth gegenüber. Wackere Diener wie Bruno und Hans ergänzen den Personalbestand. Die Rückgewinnung eines Thrones soll die Handlungselemente zusammenbinden.

In den „Corsen" geht es um zwei Grafensöhne, von denen sich jeder von ihnen mit der Schwester des jeweils Anderen verbindet. Klar ist die Angelegenheit bei Franz, Sohn eines ungarischen Aristokraten, der die Korsin Ottilie bereits geheiratet hat. Die sorgt sich um Vater und Bruder, die anläßlich von Unruhen auf der Mittelmeerinsel von derselben offenbar fliehen mußten. Der alte ungarische Graf hat aber auch noch eine Tochter. Diese Natalie liebt den Verwaltersohn Felix. Dessen Vater, der Verwalter Wacker, enthüllt sich im weiteren Verlauf als der korsische Graf Pompiliani. Dessen Sohn Graf Camillo alias Felix darf nun die Comtesse Natalie unter Vermeidung einer Mesalliance ehrbar heiraten. Womit dann auch die beiden Handlungsstränge zusammengeführt werden. Am Schluß entschließen sich der aus dem Krieg heimkehrende Franz sowie Vater und Sohn Pompiliani zu einem gemeinsamen Befreiungsversuch Richtung Korsika. - Verwundert nimmt man zur Kenntnis, daß Ottilie nicht schon längst Vater und Bruder auf ungarischem Boden wiedererkannt haben soll.

༺༻༺༻༺༻

Ein Muster an inhaltlicher Unübersichtlichkeit bietet das Ritterstück „Johanna von Montfaucon" für das bereits der Untertitel bezeichnend ist: „Ein romantisches Gemälde aus dem 14.Jahrhundert in 5 Akten."

Unglücklicherweise für hier Kotzebue zwei Handlungsverläufe mit einer ausladenden Vorgeschichte zusammen. Auch diesmal stehen sich zwei Paare gleichsam gegenüber. Auf Burg Estavajel lebt der tugendhafte Ritter Adalbert mit seiner Frau Johanna, einer sog. „Schönen Seele". Den ständig das zu spät in Erfahrung gebrachte Verbrechen seines inzwischen abgeschiedenen Vaters beschwert, den Ritter Granson zusammen mit seiner kleinen Tochter von dessen Burg vertrieben zu haben. Das andere Paar: Der ebenfalls edle junge Philipp von Montenach, gleichfalls Sohn eines schurkischen Vaters, der Hildegard, die Tochter des Bauern Guntram, liebt. Bald stellt sich heraus, daß Hildegard in Wirklichkeit die Tochter jenes vertriebenen Ritters Granson ist, der sich als alter Eremit im Walde ihr zu erkennen gibt. Nun brauchen auch Jungritter Philipp und Isabella von Granson keine Mesalliance einzugehen. Als kontrastierende Negativfigur setzt Kotzebue den Kapitalverbrecher Lasarra ein, der mit Guntrams Hilfe die Burg Estevajel überfällt. Danach ist Adalbert unauffindbar. Lasarra, der sich schon längst in Leidenschaft zu Johanna verzehrt, zwingt die sich tapfer ihm Verweigernde zur Heirat. Gerade noch rechtzeitig erstürmen der jenen Überfall überlebende Adalbert gemeinsam mit Philipp und treuen Gefolgsleuten Burg Estevajel; im Kampf tötet Johanna den Unhold Lasarra. Zwei glückliche Paare finden sich zusammen mit dem alten Ritter Granson, dem Adalbert jetzt selbstverständlich seine frühere Burg zurückerstattet.

ಌಌಌಌಌಌಌ

Eine noch ausufernderes Bilderbuchfolge beschwert den Fünfakter „Gustav Wasa", der die Befreiung Schwedens von dänischer Besatzung/Oberhoheit zum Gegenstand hat. Inmitten von vielen verräterischen und feigen Männern gruppieren sich um den Helden Gustav Wasa drei tapfere Frauen: seine Mutter, die für ihn ihr Leben einsetzt. Seine Verlobte Magarethe, die in lastendster Drangsal zu ihm steht und sich ins Gefängnis werfen läßt. Und schließlich die Gräfin Barbara, welche die schurkischen Anschläge ihres Ehemanns auf den in dauernder Lebensgefahr sich befindenden Helden durchkreuzt. Schließlich gelingt Wasa an der Spitze der von ihm wachgerüttelten Volksgenossen die Eroberung Stockholms und die Vertreibung der Dänen. Der über manche Strecke mitreißende, etwas an den Schluß von Schillers Tell gemahnende Ausklang vermag freilich nicht den erheblichen Nachteil eines ständigen Kulissenwechsels auf der Bühne zu verdecken, der vom lokalen Ambiente her an Karl Gutzkows ähnlich diffundierendes Drama „Wullenweber" ein Halbjahrhundert später erinnert.

☙☙☙☙☙☙

Abermals ein „historisch-dramatisches Gemählde" bringt Kotzebue in den „theatralisch wirksamen Szenen" seines „Bayard" auf die Bretter. Von dramatischer Raffung, Zuspitzung und spannungsvoller Konfliktlösung kann in solcher „Bilderreihe" allerdings keine Rede sein, die fast einer epischen Abfolge gleicht. - Da genügt es nicht, daß dem tugendhaft couragierten Bayard auch diesmal ein Schurke entgegengesetzt wird, daß zwei hochedle Frauen - Blanca und Miranda - so anmutige wie anrührende „Schöne Seelen" - Ingredienzien auf volle fünf Akte verteilen, und daß auch noch diesmal eine Wiedererkennungsszene Wirkung machen soll.

☙☙☙☙☙☙

Individuelle Auftritte, Verflechtungen, Schicksale schwinden fast völlig in den „Hussiten vor Naumburg im Jahre 1432". Der wackere Naumburger Bürger Wolf, seine von Sorgen um das Los der gemeinsamen acht Kinder erfüllte Frau Berta und wenige Andere vermögen kaum anzukämpfen gegen die wuchtende Kollektivgewalt von Mitbürgern, Bauern und drohend vor der Stadt aufgezogene Hussiten. Die blockartig alles Individuelle aufzusaugen scheinen. So nennt denn Kotzebue das fünfaktige Monstrum ein „vaterländisches Schauspiel mit Chören." Standen dabei etwa die Chöre in Schillers gleichzeitiger (1803) Braut von Messina Pate? Jedenfalls drücken auch schon jene acht Kinder kraft ihrer bloßen angsterfüllten Existenz gewaltig auf die Tränendrüsen der Zuschauer, und die Rührseligkeit feiert hier eine ihrer fragwürdigsten Triumphe.

„Es drohten vierzigtausend Krieger,
Wir sandten Kinder gegen sie aus,

Und unsere Kinder sind die Sieger,
Sie bringen Frieden ins Vaterhaus.

Die infolge jenes Kindereinsatzes ermöglichte Schonung der Stadt erinnert sehr an ein ähnliches Geschehen zwei Jahrhunderte später: die Schweden im dreißigjährigen Krieg vor Dinkelsbühl; dessen Errettung heute noch in der alljährlichen „Kinderzeche" daselbst gedacht wird.

Mit einiger Selbsttäuschung teilt Kotzebue unter dem 23.11.1802 seinem Freund Böttiger aus Berlin mit:

„Meine Hussiten gefallen hier immer mehr. Es ist nur eine Stimme darüber. Sie sind nunmehr siebenmal gegeben, und jedesmal mußten Hunderte von Menschen zurückgehen, weil sie keine Platz bekamen."

Und wenige Tage später, als der vor allem durch das Auftreten der Kinder sich verstärkende Rühreffekt so richtig auswirkte:

„Meine Hussiten werden noch immer mit gleichem Beifall gegeben, jedesmal müssen Menschen zurückgehen. Vorgestern - es war zum zehnten Mal - kamen der König und die Königin aus Potsdam deshalb herein. Es war zum Erdrücken voll, und Iffland spielte göttlich."

֍֍֍֍֍֍

Auf Einzelpersonen hin angelegter Kontrast hierzu das historische Schauspiel „Hugo Grotius". Dort sind Hugo, Ehefrau Maria, Sohn Felix und Tochter Cornelia kerkerähnlich auf einem Schloß eingesperrt. Deren Bewacher Moritz Helderbusch verliebt sich in Cornelia. Hugo Grotius flüchtet. Deshalb wird Helderbusch zum Tode verurteilt. Rechtzeitig kehrt Hugo von seiner Flucht zurück. Daraufhin wird Moritz begnadigt. Allgemein glücklicher Ausgang mit Hochzeit.

෴෴෴෴෴෴

Weit aufwendiger die im südlichen Europa spielende Tragödie „Ubaldo". Dieser treugesinnte, tugendsame Herzog an der Seite seiner etwas labilen Frau Camilla verfolgt mit Sorge, wie sein König, ein charakterschwacher Schürzenjäger, seiner noch kindlich-arglosen Tochter Blanca nachstellt, auch nicht von dessen barmherzig liebender Frau Alwine darin gebremst. Den inzwischen inhaftierten Ubaldo will sein Schwiegersohn Sesiavalle, Blancas Ehemann, an der Spitze einer empörten Volksmenge befreien. Die Ubaldo sogar zum neuen König ausrufen will. Mit äußerstem Energieaufwand wendet sich der vor Loyalität fast berstende Ubaldo gegen einen solchen Staatsstreich. Und den glaubt er nur noch dadurch verhindern zu können, daß er sich selbst erdolcht und mit letzter Kraft Volk und König miteinander versöhnt. Das Verhältnis Beider zueinander sollte eben nicht so ausarten wie während der von Kotzebue verabscheuten Französischen Revolution.

Hat Grillparzer viel später daraus geschöpft? Wenn auch modifiziert, so kehrt Ubaldo in dem Bancbanus in „Ein treuer Diener seines Herrn" wieder.

෴෴෴෴෴෴

Noch weit mehr als in den „Hussiten" läßt Kotzebue das Opernhafte in den im 10. Jahrhundert spielenden „Schutzgeist" herein. In eine „dramatische Legende in sechs Akten nebst einem Vorspiel." Der vom Tode auferweckte fünfzehnjährige Guido soll in göttlichem Auftrag König Lothars Witwe Adelheid, eine sanftmütige Frau voller Edelmut, auf ihrem ferneren Lebensweg beschützen. Nachdem er als ihr

Schutzengel den Markgrafen Azzo von ihr abgedrängt und das von dem verbrecherischen König Berengar auf sie geplante Attentat verhindert hat, führt er sie mit dem kraftvoll-gütigen König Otto zusammen, den er auf seine Ehe mit Adelheid im Traum vorbereitet. Vor Guidos Grabmal spult sich nun eine kaum noch hinnehmbare finale Opernszene ab: Engel Guido legt Ottos und Adelheids Hände ineinander, segnet sie, kollabiert auf seinem Grabmal und stirbt. „Otto und Adelheid" - so die Regieanweisung - „sinken, sich umarmt haltend, vor ihm nieder. Das Grabmal wird plötzlich sanft erleuchtet. Trompeten und Pauken hinter der Szene."

☙☙☙☙☙☙☙

Vielleicht noch unerträglicher geht es zu in dem 1808 ebenfalls verfaßten „Romantischen Schauspiel in vier Akten. Mit Chören und Gesängen", betitelt „Das Gespenst". Im gleichen Jahr, in dem Kleist sein „Kätchen von Heilbronn" niederschrieb.

Der gemeingefährliche Ritter Rüdiger raubt dem Ritter Theobald dessen liebenswerte Braut Deodata. In Rüdigers Burg findet der als Astrologe verkleidete Theobald Einlaß. Doch Rüdiger erkennt den Verkleideten und läßt ihn ins Burgverlies werfen. Wo bereits der angeblich von Wahnsinn heimgesuchte Pflegevater des Burgherrn, der für tot erklärte alt Dietrich von Rüdenfels, schmachtet.

Letzterer steigt als „Gespenst" nach oben, wo er einen Aufstand des Burggesindes auslöst. Und den schurkenhaften Rüdiger bannt sein Anblick so, daß letzteren im Duell der mit seiner Deodata ebenfalls auftauchende Theobald verhältnismäßig schnell töten kann. Nachträglich stellt sich heraus, daß Rüdiger vor Jahren seine jüngere Schwester Adelheid, um sie als spätere Miterbin loszuwerden, in einen Teich geworfen hat, aus dem sie der zufällig in der Nähe befindliche Theobald zu retten vermochte. Adelheid und Deodata sind also identisch. Doch nur kurz dürfen sich der alte Rüdenfels, Theobald und Deodata der bereinigten Szene erfreuen. In der Burg bricht ein flächendeckender Brand aus, der sie bis auf die Grundmauern zerstört.

Das „Gespenst" strotzt nur so von musikalischen Einlagen: Volkslieder erklingen. Volkstänze werden dargeboten. Soldaten lassen Kriegerisches erschallen. Chöre verteilen sich über die Handlung, der es an Spuk und Schauerelementen wahrlich nicht gebricht. Dabei gibt sich wohl am lachhaftesten die Szene der Befreiung des alten Rüdenfels: „Schauerliche Musik oben in der Kappelle. - Aufreißen der Kerkertür. - Heftiger Donnerschlag. - Die Orgel zittert in langgehaltenen Tönen. - Eine hagere, zerlumpte Gestalt in Ketten wankt aus dem Kerker hervor."

All diesen Historischen Schauspielen ist mehr oder weniger Unglaubwürdigkeit eigen. Gleichzeitig sind sie alle in unterschiedlichen Dosierungen von Rührseligkeit durchzogen. Und auf deren Entfachen kam es ja Kotzebue vor allem an. Additiv dazu Spukhaftes, Gespenstertreiben, Schauerregendes, Schreckeffekte. Musik und Musikgeräusche als zusätzliche Stimulanz.

Vielleicht hat Kotzebue tatsächlich mit diesen seiner Natur abholden Bühnenschöpfungen vorübergehend volle Kassen erzielt. Postmortal haben sie weder ihn noch gar seine lange Zeit hindurch erfolgreichen komödiantischen Dramen überlebt.

Für uns Heutige: mit einer Ausnahme sind alle seine Historischen Blankvers-Schauspiele zum Wegwerfen.

IV.

Exotische Schauspiele

Nur als Abbreviatur mag solche Betitelung hingehen. Denn sachgemäß ist sie keineswegs. Er werden weniger Schauplätze aus Übersee hereingeholt. Als das vielmehr Begegnungen zwischen Europäern und Menschen - würde man heutzutage formulieren - aus der dritten Welt stattfinden. Um jene frühe Zeitstufe des Wechsels vom 18. Ins 19.Jahrhundert herum mag das ungeachtet der englischen und spanischen Kolonialreiche Wunder nehmen. Doch Kotzebue kam es zuallererst auf den gewinnbringenden Effekt an. Und da hatte er durchaus richtig kalkuliert, daß das Auftreten von Exoten auf der Bühne seiner Gegenwart eine gewisse Zeitspanne hindurch „Mode", „in", „en vogue", wurde. Doch läßt sich schnell ausmachen, daß dem Exotischen durchweg keine zentrale, sondern bestenfalls eine periphere Bedeutung in seinen Stücken zugekommen ist.

1. Die Indianer in England

Als äußerst erfolgreich erwies sich sogleich sein erstes (1788) „exotisches" Theaterstück. Mit dem Pseudotitel „Die Indianer in England". Denn es handelt sich nicht um Indianer, sondern um Inder, die sich im Hause des Mr. Smith in einer englischen Seestadt einlogiert haben. Den Ex-Nabob Kalendar hat ein Aufstand von Rivalen aus seinem südindischen Fürstentum Mysore vertrieben und mit Tochter Gurli und Diener Musaffery nach Großbritannien, Kolonialmacht auf dem indischen Subkontinent, verschlagen; dabei hat er seinen Sohn Fazir aus den Augen verloren.

Mr. Smith wird von Kotzebue als gutmütig nobler Handelsherr eingeführt, der ohne eigene Schuld in den Bankrott und damit in die Armut getrieben worden ist. Was ihn dann auch zur Wohnungsvermietung an die Inder in seinem Haus veranlaßt hat. Zusätzliche Kalamität, daß ihn seine Fußgicht auch noch zum Rollstuhlgebrauch zwingt.

Mr. Smith, ehedem Fräulein von Quirlequietsch, voller dünkelhaften Stolzes auf ihre deutschen niederadligen Altvorderen, läßt ständig ihren keifenden Groll am Ehemann wegen dessen wirtschaftlichen Niedergangs aus. Im Verlaufe der Handlung ventiliert sie vorsichtig Heiratsmöglichkeiten ihres Nachwuchses im Blick auf die Inder, um dadurch mittelbar der Armut zu entrinnen.

Der Ehe entstammen drei inzwischen heiratsfähige Kinder. Tochter Liddy, ein Ausbund an Edelmut und Nächstenliebe, versucht durch heimliche Nachtarbeit den von ihr geliebten Vater finanziell wenigstens etwas zu entlasten. Sie personifiziert die Ideale „Schöne Seele", die sich sogar zur Heirat mit einem ihr unsympathischen Manne bereit erklären würde, falls sie mittels dessen Reichtums ihrer Familie wirtschaftlich aufhelfen könnte.

Ihr Bruder Samuel, pedantischer Zollinspektor, voller Argwohn, Mißtrauen und Hinterlist, hat es ausschließlich auf eine Geldheirat abgesehen. Ständig im Zweifel, ob die Tochter der bei seinen Eltern einquartierten indischen Familie genügend Geld mit in eine Ehe einbringen kann, forscht er deren Vermögensverhältnisse aus und schiebt deshalb seine Heiratsantrag an jene Tochter vor sich her. Doch als deren Vater in der 6.Szene des III. Aktes ihm endlich eine Mitgift in Höhe von 10000 Pfund Sterling zusagt, ist es zu spät; da lehnt die Tochter den ihr unsympathischen Freier entschieden ab.

Ihre Gunst wendet sie dessen Bruder Robert zu, der als Seekapitän soeben heimgekehrt ist und deshalb erst im letzten Akt auf der Bildfläche erscheint. Seine unkomplizierte Herzlichkeit triumphiert.

Der vertriebene Nabob Kalendar - Sultan von Maisur hat eine Teil seines fürstlichen Reichtums nach England retten können. Trotz großen Altersunterschiedes begehrt er Liddy, tritt aber sofort zugunsten seines verschollen geglaubten Sohnes Fazir zurück, der von Robert gerettet und auf dessen Schiff soeben in England angelangt ist.

Kalendars Tochter Gurli stellt die Problemfigur des Stückes dar. Um des reinen Theatereffektes wegen läßt Kotzebue ganz bewußt überwiegend edle, freundliche, hilfsbereite exotische Südasiaten den überwiegend verdeckt niederträchtigen, charakterlich fiesen Europäern kontrastieren. Was der damalige Zuschauer durchaus honorierte. Gurli ist das unverdorbene, naive, spontan offenherzige Naturkind, voller Anhänglichkeit an den Vater, Prototyp der „Edlen Wilden", die sich in ihrem Übergang vom Kind zur Frau unter Liebe, Leidenschaft oder gar Ehe nur höchst Verschwommenes vorstellen kann. Heiraten will die Quirlige jenen Samuel allenfalls dann, um denn Kontakt zu ihrer Freundin Liddy nicht zu verlieren. Charakteristisch für sie in der 9.Szene des III. Aktes ihr Dialog mit Robert Smith, der die Schluchzende beruhigen will:

Robert: „Was fehlt Ihnen Miß?
Gurli: Ein Mann!
Robert: So heiraten Sie meinen Bruder Samuel!
Gurli: Den mag ich nicht. Ich will dich haben.
Robert: Warum denn gerade mich?
Gurli: Das weiß Gurli selbst nicht. Du bist ein böser Mensch. Du machst, daß ich weinen muß, und doch lieb ich dich. Ich will dich mehr lieben als meinen Papagei und meine Katze."

Gurlis Bruder Fazir, plötzlich mit seinem Lebensretter Robert in England auftauchend, sorgt für das finale Feuerwerk an Rührung. Während des III. Aktes in der 12.Szenesein Wiedererkennen mit

Gurli als Bruder und Schwester, in der 14.Szene mit Vater Kalendar, in der 15.Szene nach dessen Verzicht sein Liebesakkord mit Liddy.

Nach einer so ausgreifenden Kennzeichnung der Beteiligten erübrigt sich beinahe eine ausführliche Inhaltsangabe dieses Rührstückes. Aus zwei verkorksten Verlobungen entwickeln sich im Austauschverfahren zwei glückverheißende Ehen. Wobei - wie öfters bei Kotzebue - zwei Geschwisterpaare über Kreuz heiraten: Liddy/Fazir und Gurli/Robert. Zollinspektor Samuel geht leer aus, und Mrs. Smith kann jetzt wenigstens auf sich bessernde wirtschaftliche Verhältnisse hoffen.

Kurz nach seiner psychologisch meisterhaften Theaterballade „Menschenhaß und Reue" landete Kotzebue mit seinen „Indianern in England" einen zweiten Volltreffer in der Gunst der europäischen Theaterbesucher.

Die Uraufführung fand am 6.4.1789 auf dem Revaler Liebhabertheater statt, in der der Dichter selbst in der Rolle des Notars Strussel auftrat. Im Sommer des gleichen Jahres überreicht er das Manuskript dem Theaterleiter Engels. Im kgl. Berliner Nationaltheater geht es erstmals am 16.10.1789 in Szene und wird daselbst im folgenden Halbjahrhundert fast siebzigmal wiederholt. Die Zuschauer applaudieren begeistert und anhaltend. Unter ihnen auch die königliche Familie. Ein Sonderlob für die bekannte Schauspielerin Friederike Unzelmann in der Rolle der Gurli; mit jenem „Zauber naiver Weiblichkeit, welche nach ihr keine Künstlerin in dieser Rolle wieder erreicht hat." Noch im gleichen Jahr teilt Engels brieflich Kotzebue mit:

> „Als ich gestern zum Kronprinzen kam, war das erste Wort Ihr Lob und der Wunsch, daß sie mehr schreiben möchten. Mit diesen hohen Personen ist der ganze Hof und das ganze Publikum einig."

Und der König selbst habe ihm mit Nachdruck bedeutet:

„Der Kotzebue hat viel Genie. Er soll mehr schreiben. Sagen sie ihm das!"

Nach Hamburg und Breslau kam das Stück im Folgejahr auch in Mannheim, Hannover, Dresden, Wien, Frankfurt/M., Weimar, Königsberg auf die Theaterbretter. Danach stellte sich der europäische Erfolg ein.

2. Die Sonnenjungfrau

Hier ist die Problematik eine andere als in Calderons Fronleichnamsfestspiel „Morgenröte über Copacabana." Dort wird die durch Los betroffene Sonnenjungfrau Gurakolda einer götzendienstlich rituellen Hinrichtung im gleichen Peru zugeführt, auf das durch ihre Opferung das Volk einem astrologisch angekündigten Unglück entgehe.

Hier hingegen soll die Sonnenjungfrau Cora den Tod erleiden, weil sie sich mit dem aus den grausamen Invasionstruppen Pizarros ausscherenden Spanier Don Alonzo Molina eingelassen hat. Das ihr als Sonnentempeljungfrau auferlegte Keuschheitsgelübde hat Cora gebrochen und vermag nun ihre Schwängerung nicht mehr zu verbergen.

Jetzt zapft Kotzebue sein Rührseligkeitspotential an. Rolla, vordem Befehlshaber der peruanisch-königlichen Streitkräfte, hat den Hof seines Herrn verlassen und sich aus Gram über die von ihm geliebte, für ihn jedoch unerreichbare Cora in die Einsamkeit zurückgezogen. Seine Ratgeberstelle beim König Ataliba hat Alonzo eingenommen. Doch der wird der Schwängerung wegen gemeinsam mit Cora verhaftet und von den fanatischen Sonnenpriestern zum Tode verurteilt. Uneigennützig will Rolla den beiden Liebenden zur Flucht verhelfen.

Der gütige Oberpriester will Cora und ihren Alonzo retten. Er, der in seiner Jugend ebenfalls eine Sonnenjungfrau verführt hatte; Frucht aus jener Verbindung ist Rolla, der das jetzt erst seitens seines Vaters erfährt. Doch die Priester mit ihrem Scharfmacher Xaira wollen unbedingt die Vollstreckung des Todesurteils. Eine letzte Entscheidung darüber darf nur König Ataliba treffen. Der wiederum kann nicht rettend eingreifen, weil die Liebenden durchaus sterben wollen:

> Cora: „Ich allein trage die Schuld.
> Alonzo: Mich verdammt zum Tode!
> Cora: Laßt ihn los! Sprecht ihn frei!
> Alonzo: Habt Mitleid mit dem schwachen Weibe! Laßt den Mann büßen
> Cora: Nein, nein, nein! - Als Sonnenjungfrau darf ich mich nicht mit dir vermählen. Aber der Tod vermählt uns."

Als König Ataliba, wenn auch widerwillig, die Urteilsvollstreckung zulassen will, stürmt Rolla mit Getreuen seinen Palast und verlangt ultimativ Coras Freilassung. Doch die fleht ihn an, die Waffen vor dem Herrscher niederzulegen. Dies geschieht, und der König verzeiht Rolla den Überfall. Mehr noch: er hebt jenes Keuschheitsgesetz auf und gibt die sich liebenden Cora und Alonzo zusammen.

Daraufhin donnernder Applaus des peruanischen Volkes auf der Bühne wie beim Theaterpublikum vor der Bühne gleichermaßen.

An einer Textstelle berichtet der Oberpriester von der Einführung des Sonnentempelkultes unter dem seinerzeitigen Göttersohn Manco Capac:

> „Er baute der Sonne einen Tempel und weihte Jungfrauen ihrem Dienst. Er schuf das Gesetz der Keuschheit. Denn damals, da nur noch Sinnlichkeit herrschte, und die Vernunft ein Kind war, wäre oh-

ne dieses Gesetz der Tempel ein Tummelplatz der Wollüste geworden."

Doch inzwischen schlägt das Pendel nach der anderen Seite aus. Und Rolla kann an Alonzos Freund die Frage richten:

„Sprich! Welches Verbrechen ist größer? Ein unmenschliches Gesetz geben oder es aufheben?

Und Cora aus ihrer ungetrübten Natürlichkeit heraus sekundiert Rolla gleichsam:

„Ach es ist ein so sanftes, so herzinniges Gefühl, die Liebe! Meint ihr denn in der Tat, sie sei strafbar?"

So wird denn mehr und mehr die Tendenz erkennbar, mit der Kotzebue seine Theaterzuschauer weltanschaulich zu steuern hofft. Humane Liebe contra inhumanes Gesetz! Natürliches Gefühl contra dogmatisch verhärtete Glaubensverkündigung! Reine Menschenliebe contra brüchig gewordene Moralpostulate! Kotzebue als vehementer Apologet der in der Zweithälfte des 18.Jahrhunderts kraftvoll aufgedrungenen Aufklärung, welche die düsteren Restbestände aus absolutistischer Fürstenmachtepoche vollends aufsaugen soll. Ohne dabei - wie paradox! - gegenwärtige Herrschermacht in frage zu stellen; stattdessen mit einem aufgeklärten König an der Staatsspitze die Macht der kirchlichen Autoritäten mitleidlos zu unterminieren! Und zugleich: Menschenrechte - ja; doch ohne Mitwirkung jener französischen Revolutionäre während der Konventsphase 1792-95!

An der „Sonnenjungfrau" darf bemängelt werden, daß zuviel an Rührseligkeit kreiert wird, daß gleich drei dominante Figuren wie der gutmütig verzeihende König, der großzügige Oberpriester und vor allem der sich aufopfernd-entsagungsvolle Rolla sich wechselseitig an edelmütigen Impulsen überbieten und dabei den fanatischen Priester

Xaira wie die gemütsmäßig ausgetrocknete Oberpriesterin ins Abseits drängen.

Die Uraufführung dieses Fünfaktigen Schauspieles fand am 8.12.1789 auf dem Liebhabertheater zu Reval statt, also noch im Jahre des Ausbruchs der Französischen Revolution.

Dessen Bühnenerfolg hoffte Kotzebue wenige Jahre später durch eine Fortsetzung der „Sonnenjungfrau" unter dem Titel „Die Spanier in Peru oder Rollas Tod" zu wiederholen. Mit dem romantischen Trauerspiel in fünf Akten vom Präsidenten von Kotzebue. Leipzig 1796 mißlang dies gründlich. Diesmal focht Kotzebue die Rührseligkeit dadurch an, daß er anläßlich der Abwehrkämpfe der Peruaner gegen die spanischen unmenschlich zupackenden Invasionstruppen des Pizarro die Cora in höchster Verzweiflung nach ihrem aus der Verbindung mit Alonzo stammenden Kind suchen läßt, das in die Hände der Spanier gefallen ist. Rolla rettet ihr den Jungen, erleidet dabei jedoch eine so schwere Verletzung, daß er kurz dahinsiecht und stirbt. In seinen letzten Sekunden gesteht er Cora endlich: „Ich liebte dich."

3. **Bruder Moritz, der Sonderling oder Die Kolonie für die Pelew-Inseln.**

Der seltsame Bruder Moritz ist identisch mit dem Grafen Moritz von Eldingen, der es aus verarmten Verhältnissen durch kaufmännische Tüchtigkeit zu immensem Reichtum gebracht hat. Nahe einer Seestadt wohnt er zusammen mit seinen jungen Schwestern Nettchen und Julchen sowie seiner altjüngferlichen, adelsstolzen Tante Euphrosyne. Nettchen wird umworben vom einzigen Exoten in diesem Kreis, dem jungen Araberscheichsohn Omar, der irgendwo und irgendwann Moritz das Leben gerettet hatte. Julchen wird zugleich umworben von dem älteren, aufschneiderischen Grafen Eugenius Stierenbock und dem jüngeren leicht gehemmten Justizassessor Wilhelm von Moll. Während sich Omar und die anfangs etwas Sprödigkeit vortäuschende Nettchen problemlos näherkommen, muß Julchen aufpassen. Graf Stierenbock hat es nur auf ihre reiche Mitgift abgesehen. Julchen mag ihn ohnehin nicht. Und als Moritz sein Ansinnen, ihm 10000 Dukaten auf einem Solawechsel vorzustrecken, brüsk zurückweist, zieht sich Stierenbock endgültig zurück. Justizassessor Wilhelm von Moll hingegen vermag sich bei Julchen gute Chancen auszurechnen. Zumal er, der sensible Ehrbewußte, sie in ärmlichen Verhältnissen lebend glaubt. Als er aber erfährt (II. Akt, 9.Szene), sie gehöre jetzt infolge Moritzens glücklicher Seehandelsgeschäfte einer reichen Familie an - eine Konstellation, die sich bei Kotzebue öfters vorfindet - entzieht er sich ihr, um nicht in den Ruch eines geldversessenen Mitgiftjägers zu schliddern. Erst als Moritz (III/15) ihm vorlügt: „Julchen ist arm, bettelarm, von mir bekommt sie nicht einen Heller", wirbt er erneut heftig um Moritzens vermeintlich arme Schwester und bekommt zur völligen Überraschung am Ende nun doch ein reiches Julchen.

Keineswegs unkompliziert gestalten sich die Herzensangelegenheiten der Titelgestalt. Da sich Tante Euphrosyne ein Kammermädchen wünscht, stellt Moritz die junge Marie in seinem Haushalt an. Er wolle sie (II/13) freilich nicht als Dienstboten, sondern als seine dritte Schwester behandeln. Und muß alsbald monologisierend (II/14) bekennen: „Das Mädchen mit dem warmen Frühlingsgesichtchen hat mir den Kopf verrückt - nein, das Herz hat sie mir verrückt." Seinem Heiratsantrag weicht Marie aus. Kurz danach(III/9) stellt sie ihm einen kleinen Knaben vor:

> „Deine Mutter hat dir ein großes Opfer gebracht. Um dieses Opfers willen darfst du einst mir nicht fluchen, daß ich in einer schwachen Stunde dir ein ehrenloses Leben gab."

Dennoch will Moritz sie heiraten und deren uneheliches Kind als eigenes übernehmen.

Über solche Handlungsweise des Grafen Moritz hätten sich die Theaterzuschauer noch weit mehr aufregen müssen als über den verziehenen Ehebruch der Eulalia zuvor in „Menschenhaß und Reue". Doch sie betrachteten wohl von vornherein den Moritz als eine halbverrückte Figur, der man irreale Vorstellungen und Pläne mitleidig nachsehen müßte. Sein „steifer Glaube an Gleichheit aller Stände" zertrümmert nach und nach alle Vorurteile und Standesdünkel einer Adelsgesellschaft, in der er aufgewachsen. Konventionen müssen sich von Nah- und Fernwirkungen einer aufgeklärten Humanität verdrängen lassen. Moritz wird sich alsbald bewußt, daß er mit seinen Zielvorstellungen nicht einmal innerhalb einer rein bürgerlichen Gesellschaft durchdringt. Und so möchte er seinen deutschen, europäischen Zeitgenossen radikal den Rücken kehren und auf eine Inselgruppe inmitten des Pazifischen Ozeans auswandern:

> „Dort wohnen gute, unverdorbene Geschöpfe. Ich bin entschlossen, mein ganzes Vermögen in Notwendigkeiten des Lebens zu verwandeln. Die will ich auf einige Schiffe laden und dort mich häuslich niederlassen. Wollt ihr mitziehen?"

Die bejahrte Tante Euphrosyne bestimmt nicht. Die drei Liebespaare in ihrer jugendlichen Unbekümmertheit übersehen wahrscheinlich die unendlichen Schwierigkeiten und Gefahren, die sich ihnen vor und auf den Pelew-Inseln auftun werden. Wo sie „abgesondert von dem kultivierten Unwesen das Feld mit eigenen Händen" bestellen müssen.

Dem Bühnenstück fehlt die Straffung. Nachteiliger als die Monologe wirken sich ausgewalzte und daher in die Langeweile führende Dialoge aus, etwa in I/14, II/6, III/3 und III/5. Die langen Passagen des

Stierenbock über sein Verhältnis zum fürstlichen Hof (III/6) wertete Kotzebue selbst als „Fades Hofgeschwätz" ab. Die Nebenrollen des Schriftstellers Karg, der auf Nettchens hingeschiedenen Igel eine Trauerelegie dichten soll, des Schiffers Tom, der in die Levante fahren will, Molls invalider Bruder lassen sich bequem streichen. Die Duellforderung in III/6 macht sich ebenso überflüssig wie Moritzens umständlich ausgebreitete Biographie (III/15), die am ende der Handlung zumindest falsch plaziert ist.

Gut hingegen die Gegensätzlichkeit der beiden Schwestern, der kapriziösen Nettchen und der „Schönen Seele" Julchen. Zu ihnen passen leidlich der exotische „Edle Wilde" Omar sowie der in seinem untadeligen opferbereiten Lebenswandel vorbildliche Moll.

Infolge seiner ungewöhnlichen Geschehensabfolge fand das „Lustspiel in drei Aufzügen. Leipzig 1791" beim Publikum zunächst erheblichen Zuspruch. Kotzebue selbst dazu in einer öffentlichen Mitteilung, die zugleich das Unwesen damaliger Autorenvergütung reflektiert:

> „Ich bin gezwungen worden, dies Stück schon jetzt drucken zu lassen, weil in den Gegenden des Rheins ein schändlicher Handel damit getrieben wird. Die Direktionen schämen sich nicht, gestohlene Manuskripte zu kaufen und zu verkaufen. Hausieren ordentlich mit meinen Schauspielen. Der Schriftsteller ist übel dran, wenn die Direktionen solchen Unfug dulden."

Freilich kam auch Kritik auf. So hält Elisa von der Recke in ihrem Tagebuch vom 18.9.1790 fest:

> „Etwas Sittenloseres ist wohl noch nie auf dem teutschen Theater gespielt worden. - Es freute mich innigst, daß alle in Pyrmont versammelten Damen ihren Unwillen über dies Schauspiel zu erkennen gaben."

Im Berliner Hoftheater - mit Konrad Fleck als Moritz und Friederike Unzelmann als Marie - wurde es zwischen 1790 und 1792 nur zwölfmal aufgeführt.

4. Der Papagoy

Der völlig verarmte, alte Richard Westerland, in einer Fischerhütte nahe einer britischen Hafenstadt hausend, ist von beiden Söhnen verlassen worden. Der jüngere Ludwig, von seinem bösartigen Diener Heinrich noch darin bestärkt, ist ins kriminelle Milieu abgerutscht, kümmert sich in keiner Weise mehr um seinen Vater und versucht sich - erfolglos - durch eine Heirat mit der reichen verwitweten Lady Amalie Bedfort finanziell wieder hochzuschaukeln.

Der ältere Sohn Georg kehrt von einer längeren Seereise zurück und feiert mit seinem Vater ein herzbewegendes Wiederseh'n. Auch um dessen trostlose wirtschaftliche Lage zu verbessern, verkauft er einziges Vermögensobjekt, einen prächtigen Papagei aus Übersee an besagte Lady Bedfort.

Jene Kontaktaufnahme führt dazu, daß sich Georg Westerland und Amalie Bedfort ineinander verlieben. Während er als armer Seemann es nicht wagt, der vermögenden jungen Frau einen Antrag zu machen, schiebt sie couragiert alle gesellschaftlichen Bedenken und Zwänge beiseite. Ihrerseits richtet sie an den darob verwirrten Georg einen Heiratsantrag. Und alles deutet darauf hin, daß sich beide edle Naturen demnächst für immer finden werden.

Die Schurkereien des Zweitsohnes Ludwig und seines Heinrich einerseits und die komischen Mißverständlichkeiten bei der von fortschreitender Gehöreinbuße betroffenen Dienerin Betty andererseits vermögen die Rührseligkeitspartien nicht zu verdrängen, die in der Wiedererkennungsszene Vater-Sohn Westerland sowie im völlig singulären Heiratsantrag einer Dame der Gesellschaft gipfeln. Ein Papagei unbeabsichtigt als Glücksbringer!

Dieses „Schauspiel in drey Acten" erschien im Jahre 1797 auf dem Markt.

5. La Peyrouse

Im Jahre 1785 tritt der Weltumsegler Jean Francois de Galaup de la Peyrouse im französisch-königlichen Auftrag eine seiner großen Fahrten an. Von Brest aus gelangt er mit zwei Fregatten bis nach Sydney. Nach der Weiterfahrt von dort wird er 1788 als verschollen gemeldet. Dazu Kotzebue autobiographisch:

> „Die Idee zu La Peyrouse entstand plötzlich in mir, als ich in den Zeitungen las, daß die Gattin dieses unglücklichen Mannes sich eingeschifft habe, um ihn an unbewohnter Küste zu suchen. Meine Einbildungskraft ging mit ihr zur See, schuf interessante Situationen und verlor sich in das Gebiet der Möglichkeiten."

Er greift sich den französischen Seefahrer Alexis Lapeyrouse - so sollte verdeutlichend auch der Stücketitel lauten - auf und läßt ihn als Folge einer totalen Schiffshavarie als einzigen Überlebenden halbtot an die Küste einer Südseeinsel treiben. Dort rettet ihn die eingeborene Malwina aus den Fluten, trennt sich ihm zuliebe von ihrer Sippe, um mit Alexis ungestört zusammenleben zu können. Der glücklichen Verbindung entstammt der inzwischen achtjährige Sohn Carl. Hier setzt in Seeufernähe die Handlung des zweiaktigen Theaterstückes ein.

Nach vielen Jahren entdeckt Alexis ein Schiff, das auf die Insel zusteuert. Zuerst treffen Malwina und Alexis' französische Ehefrau Adelaide nebst Kind aus jener Ehe aufeinander. Adelaide bringt eine

Botschaft mit: „Der Nationalkonvent befahl zwei Schiffe auszurüsten, den Weltumsegler seinem Vaterlande wiederzugeben" (I/6). Bald erfährt sie von Malwinas Lebensretterfunktion, ihrer Mutterrolle und stellt sich ihr zunächst als Alexis` Schwester vor. Der lügt ihr vor, eine ihm Angetraute in Frankreich zu besitzen, wolle jedoch sie, Malwina, dorthin mitnehmen.

Erst jetzt mit dem II. Akt läuft die eigentlich dramatische Entwicklung an. Endlich findet Alexis Mut zu dem Eingeständnis, daß die angelangte Adelaide seine Ehefrau sei. Der darob zutiefst entsetzten Malwina sichert er jedoch zu: „Ich verlasse dich nicht." Fatal für Alexis freilich, wenn sich jetzt Malwina mit Sohn Carl und Adelaide mit dem etwa gleichaltrigen Sohn Heinrich gegenüberstehen.

Im Verlauf der nächsten Szene verlangt Adelaide von Alexis, zwischen ihr und Malwina zu wählen. Er: „Ich kann nicht." Selbstlobend überbieten sich nun beide Frauen in all dem, was sie bereits für den Mann geleistet haben. Verzweifelt will sich Alexis einen Dolch in die Brust stoßen. Das zeigt bei beiden Frauen Wirkung. Adelaide: „Ich entsage dir freiwillig." Malwina: „Ziehe mit ihr!" Adelaide: „Bleibe bei ihr!" Malwina: „Ziehe mit ihr!"

Nachdem Alexis aufgelöst auf und davon, schreit Adelaide in der übernächsten Szene Malwina ihren Haß gegen sie ins Gesicht. Darauf Malwina: „Ich hasse dich nicht." Die Französin wünscht ihr den Tod. Malwina wünscht Adelaide nicht den Tod.

Und das beweist sie in der folgenden Szene, als sie ihr das vergiftete Obst wegreißt, in das Adelaide gerade hineinbeißen will. Daraufhin schließt Adelaide die Eingeborene in ihre Arme: „Behalte deinen Freund! Ich entsage ihm." Ihrer Obhut will sie sogar den eigenen Sohn erziehungshalber überlassen: „Halte ihn wie deinen eigenen Sohn!" Sie schickt Malwina weg und unternimmt einen weiteren

Obstvergiftungsversuch, den der plötzlich auftauchende Alexis (II/6) vereitelt.

Auf einem weiteren Schiff kommt Adelaides Bruder, der Kapitän Clairville, auf der Insel an. Er berichtet von dem blutigen Gemetzel der obsiegenden Jakobiner im Gefolge der Französischen Revolution; in der Heimat sei jetzt ein Mann wie Alexis im höchsten Grade lebensgefährdet. Daraufhin entscheidet sich das betroffene Quintett dafür, gemeinsam auf der Südseeinsel bleiben zu wollen und die seitens des Kapitäns vorgeschlagene Problemlösung zu akzeptieren: Tagsüber bilden alle eine einzige Familie. Nachts leben Adelaide und Malwina mit ihren Kindern wie Schwestern zusammen in der einen Hütte. Entsprechend fallen sich alle in die Arme.

Exotischer Geschehensort! Eine Exotin als die eigentliche Heldin des Bühnenstückes! Sie rettet Alexis vor dem Ertrinkenstod, bewahrt ihn vor dem Zugriff ihrer Sippe, zieht einen inzwischen achtjährigen Sohn als Frucht ihrer bedingungslosen Liebe zu dem Geretteten auf. Sie ist Kotzebues „Edle Wilde" in Reinkultur. Die ihr zunächst haßerfüllt begegnende Französin vermag sie nicht zu hassen. Sie ist bereit, zu entsagen, zu verzichten, selbst ihr Leben hinzugeben, um die Problemzwänge zu lockern, aufzulösen und veranlaßt schließlich Adelaide, ihrerseits sich auf den Pfad edelmütiger Tugend zu begeben. So überwindet sie die „Europäerin", die ihren „häßlichen erkünstelten Leidenschaften untertan" ist. Malwina als eine noch nicht von den höchst fragwürdigen Segnungen der „Zivilisation" Zerfressene vermag ausschließlich der Stimme ihres Herzens zu folgen. Vermag nicht, zu blenden, zu täuschen, zu heucheln.

Daß ein solcher von sich steigernden Seelennöten begleiteter Entwicklungsprozeß Rührseligkeitsmomente mitunter am laufenden Band produziert, versteht sich von selbst. Und darauf kam es Kotzebue vorrangig an. Deshalb auch die Einschaltung der um ihre fernere

Existenz bangenden Kinder. Doch auch sie dürfen fortan das Paradiesische jener Südseeinsel unbefangen genießen. Von der Clairville schwärmt: „Hier wohnt Sicherheit, hier herrscht Überfluß, hier winken Liebe und Ruhe."

Wäre da nicht des Alexis Bigamistenstatus! Der Mann zwischen zwei Frauen ähnlich Goethes „Stella". Raffiniert hat Kotzebue seiner Abfolge die Fassade reiner Tugend vorgeblendet: Zwischen den drei Hauptfiguren nur noch brüderlich-schwesterliche Beziehungen! Das mag vielleicht noch im Verbund von drei Schwachstromerotikern angehen. Doch Kotzebue hat sehr wohl vorausbedacht, daß Zuschauer mit einiger Phantasie sich ganz andere bigamistische Konstellationen ausdenken können. Heikle! Brisante!

Und so war er denn nach „Menschenhaß und Reue" und nach „Bruder Moritz" mit „La Peyrouse" bei einem Teil der Theaterbesucher als unmoralischer Autor festgelegt, wurde entsprechend gebrandmarkt und war bei den Hochmoralischen als sittenverderbender Bühnenstrolch endgültig unten durch.

Der im Sommer auf dem baltischen Landsitz Friedensthal niedergeschriebene Zweiakter erlebte denn auch im Folgejahr 1796 in Berlin wie in Hamburg nur wenige Wiederholungen auf der Bühne. Die Wiener Zensoren verboten ihn ob der verklausulierten Bigamie bereits von vornherein.

Kurz vor seiner Ermordung erstellte Kotzebue eine Zweitfassung des „La Peyrouse" im Jahre 1818.

In übersteigerter Seelengröße, gleichsam für den geliebten Alexis sich aufopfernd, gibt sich Malwina selbst den Tod. Die Aufzucht ihres Sohnes legt sie ihm und Adelaide ans Herz. Die Sterbende zu Alexis:

„Du hast mir reich vergolten - denn ich war glücklich - sei du es noch lange! - Zieh in dein Vaterland mit meinem Segen! - Aber ehe du scheidest, begrabe mich selbst an dieser Stelle! Versprich es mir, lieber Freund!"

Unschwer vorauszusehen, daß dann die Hälfte der Theatergäste in Tränen aufgelöst die Aufführungsstätte verlassen hat.

V.

RÜHRSELIGE SCHAUSPIELE

Bei Wegfall exotischer Komponenten mußte Kotzebue vielleicht noch intensiver auf die Rühreffekte zusteuern, um beim Publikum einigermaßen sichere Kassenerfolge einzuheimsen. Die - oft nur scheinbaren und ohnehin geringen - Spannungsfelder zwischen Bürgerlichen und Niederadeligen nutzte er dabei weidlich aus. Versuchte sie durch anfängliche geheimnisvolle Unklarheiten und spätere erleichternde Überraschungsmomente anzureichern. Meist traf er dabei auch noch den Nerv der Zeit. Und am Schluß der Theatervorstellung verließen auf jeden Fall mehr zufrieden gestellte als unzufriedene Besucher auch dann das Haus, wenn deren Tränendrüsen nicht hinreichend animiert waren.

1. Das Kind der Liebe

Vor etwa zwanzig Jahren hat der damals noch sehr unreife Baron Wildenhain das sittsame Mädchen Wilhelmine verführt, es dann sitzengelassen und eine Adelige geheiratet. Letztere stirbt nach Jahren unglücklicher Ehe. Karrieremäßig bringt er es bis zum Oberst.

Jene damalige Verführung ist nicht ohne Folgen geblieben. Ihr entsproß als „Kind der Liebe" der Soldat Fritz Böttcher, der anläßlich eines Heimaturlaubes seine Mutter Wilhelmine in so krankem wie wirtschaftlich elendem Zustand vorfindet. Dabei erfährt er endlich Namen und Adresse seines Erzeugers. Den sucht er auf, attackiert ihn mit heftigen Vorwürfen und wird, als er ihn handfest bedroht, festgenommen und in Gefängnishaft gebracht.

Wohlberechnet landet Kotzebue jetzt seinen rührseligen Hauptknalleffekt: Im Baron Wildenhain rumort das schlechte Gewissen. Er heiratet die jetzt von Bettelei lebende, ehedem verführte Wilhelmine und erkennt Fritz Böttcher als seinen legalen Teilerbnachfolger auf seinen Ländereien an.

Tochter Amalie aus Wildenhains Ehe soll auf Vaters Wunsch ebenfalls einen Adligen heiraten. Doch ihr Herz schlägt für ihren ehemaligen Lehrer, den jetzigen Pfarrer am Ort. Der liebt die „Schöne Seele" zwar auch seinerseits, gibt jedoch den zwischen ihnen obwaltenden Standesunterschied zu bedenken:

> „Dürfte ich wählen, Amalie, keine andere als Sie! Und lebten wir in den goldenen Zeiten der Gleichheit aller Stände, von denen die Dichter träumen, keine andere als dich! Aber nun - so wie die Welt nun einmal ist" -

Darauf Amalie schnell:

> „Haben sie mir nicht oft gesagt, nur das Herz adelt? Oh wahrlich! Ich werde eine Edelmann heiraten."

Damit ist auch der Rivale um ihre Gunst, der so alberne wie lacherregende Graf von der Mulde endgültig aus dem Feld geschlagen.

Beide Handlungsstränge werden von Kotzebue geschickt zusammengefaßt. Standesdifferenzen fast unauffällig eingeebnet. Bürgerliche und Niederadelige gleichermaßen zufriedengestellt. Und das in einer Zeit wie dem Wechsel vom 18. Ins 19.Jahrhundert, in der sich durch das gewerbewirtschaftliche Vordringen des Bürgertums ehedem konturierte Gegensätze ohnehin unaufhaltsam, wenn auch langsam entschärften. Und damit auch Mesalliancen ihre bisherige Anrüchigkeit verloren.

Auch deshalb konnte Kotzebue auf gesellschaftspolitische Kritik verzichten. Alles wickelt sich in Ruhe und Frieden zwischen verständigen, ironischen Naturen ab. Sie stimmen Amalie zu: „Stand und Reichtum sind Gaben aus des Zufalls Hand." Und selbst Baron Wildenhain qualifiziert den Grafen von der Mulde, jenen prahlerischen Stadtprivilegierten, ab: „Der Mensch ist Kammerjunker. Und auf Gottes Erdboden weiter nichts."

Das fünfaktige Schauspiel wurde während der Zeitspanne des Ausbruchs der Französischen Revolution auf Kotzebues Revaler Liebhabertheater am 10.2.1790 uraufgeführt.

2. Der Opfertod

Kotzebue treibt es wieder einmal in eine britische Seestadt. Doch ganz anders als Mr. Smith in den „Indianern" ist der ebenfalls in den Bankrott getriebene Robert Maxwell bereit, durch Selbsttötung seiner Familie wirtschaftlich aufzuhelfen.

Vor der Heirat hatte sich seine Frau Arabella bereits mit dem von ihr geliebten, aber mittellosen Walwyn verlobt. Auf väterlichen Druck hin mußte sie sich entloben und den damals noch vermögenden Robert Maxwell heiraten.

Inzwischen ist Maxwell in bittere Armut geraten, Walwyn hingegen zu Wohlstand gelangt. Und so bittet Maxwell den Glücklicheren, im falle seines Todes seine Frau Arabella zu heiraten und die Familie zu unterhalten. Walwyn durchschaut seinen Plan, will ihn vor der Selbsttötung bewahren und ihn für seine Familie retten. Obwohl er selbst unverändert Arabella liebt.

In Exitusabsicht stürzt sich Robert Maxwell in die Themse, wird jedoch zufällig von dem schwerreichen Kaufmann Harrington aus den

Fluten gerettet. Der adoptiert ihn sogar, wodurch die gesamte Familie Maxwell schlagartig allem finanziellen Elend entrissen wird.

Des hier kredenzten Edelmutes ist es inmitten eines dramatischen Gebildes zuviel. Vier vor agapischer Liebe fast schon explodierende Figuren wie Maxwell, Arabella, Walwyn, und Harrington nebeneinander wirken heutzutage abstrus. Doch zur Goethezeit (1798) sind sicherlich genug Tränen im Theaterrund geflossen.

Der Problemlösungsversuch des Maxwell zeigt entfernte Ähnlichkeit mit Arthur Millers „Tod eines Handlungsreisenden" anderthalb Jahrhundert danach.

3. Die silberne Hochzeit

Eine dem Fürsten eines Duodezstaates näher stehende Gräfin, die ihren Mann als Minister sehen will, schwärzt dessen Rivalen, den Baron Wellingrode, beim Fürsten so an, daß er von demselben enteignet wird und sogar in ein Nachbarland flüchten muß. Dort erlernt er unter dem bürgerlichen Namen Welling von der Pike auf landwirtschaftliche Arbeit und Betriebsführung, heiratet eine Bauerntochter und zieht mit ihr drei gemeinsame Kinder Pauline, Fritz und Rose und obendrein noch den aufgefundenen Ludwig auf. Eine vollauf glückliche Familie genießt auf diese Weise das Landleben.

Da befördert ihm über ein Vierteljahrhundert nach dem seinerzeitigen gesellschaftlichen Sturz sein Förster eine im Wald aufgefundenen, total erschöpften Fremden ins Haus. Der entpuppt sich als der ehedem rivalisierende Graf, der nun selbst beim Fürsten in Ungnade gefallen ist, jedoch Welling gegenüber glaubhaft beteuern kann, nicht er, sondern seine pathologisch ehrgeizige Frau habe die damalige Katastrophe auf dem Gewissen. Der Graf erkennt in Ludwig seinen Sohn wieder.

Als Welling nun auch noch erfährt, der Fürst habe ihn als Baron Wellingrode voll rehabilitiert und werde ihm die enteigneten Güter zurückerstatte, bietet die bei ihm anstehende silberne Hochzeit Anlaß und Rahmen für die Verheiratung seiner drei Kinder. Pauline mit Ludwig, Fritz mit Försters Töchterlein, Röschen mit dem künftigen Patronatspfarrer.

Zwar differenziert Kotzebue geschickt unter den Charakteren der einzelnen Heiratskandidaten, doch dominieren wie im „Opfertod" auch hier lauter gute, liebe Menschen die Szene. Die sämtlich auf dem Lande bleiben und nicht in die vererbte Stadt überwechseln wollen. Auch diesmal enthüllt Kotzebue die Vorgeschichte nach und nach und erzeugt mit so bewährter analytischer Methode einige Spannung. Eine Wiedererkennungsszene fehlt ebenfalls nicht. Ob solch harmonischen Geschehens darf der Theaterbesucher befriedigt sein und selbst entscheiden, inwieweit er seiner Rührung freien Lauf lassen will.

Die „Silberne Hochzeit" erschien im Jahre 1799 noch kurz vor der Jahrhundertwende.

4. **Das Schreibpult**

Im Folgejahr 1800 brachte dann Kotzebue dieses vieraktige Schauspiel mit der unnötigen Titelergänzung „oder die Gefahren der Jugend" auf den Markt.

An seinem Todestag hat sich der alte Kaufmann Diethelm wegen plötzlich auftretender wirtschaftlicher Schwierigkeiten in seiner Firma bei seinem Freunde, dem Rat Erlen, einen Betrag von 7000 Talern geliehen. Da Erben auf ein entsprechendes Schuldanerkenntnis verzichtet hat, gerät er im weiteren Verlauf selbst in Zahlungsschwierigkeiten und muß schließlich eine Pfändungsaktion des Gerichtsvollziehers über sich ergehen lassen. Der stößt dabei auf ein altes Schreibpult, das sich Erlen aus dem sonst wertlosen Nachlaß als Andenken an seinen alten Freund Diethelm erbeten hat. In einem Geheimfach jenes Schreibpultes entdeckt der Gerichtsvollzieher zufällig jene 7000 Taler und beendet sofort die Pfändung bei dem freudig überraschten Rat.

Im Geheimfach wird freilich auch ein Brief des alten Diethelm gefunden, in welchem er seinen Sohn ersucht, Sophie Erlen, die Tochter seines Freundes, zu heiraten. Das paßt nun dem jungen Diethelm, Sohn des Verstorbenen, einem dynamisch aufstrebenden Kaufmann, überhaupt nicht ins Konzept. Denn er liebt die Kammerzofe Sophie, die ebenso wie ihr Bruder jetzt darauf bedacht ist, durch untergeordnete Arbeiten ihre jüngst verarmten Eltern zu unterstützen.

Die Geschwister wenden von dem jungen Diethelm Gefahren ab, die namentlich Sophies Dienstherrin, einer Gräfin Meerwitz, ausgehen. Eine deren Ranküne offenbarenden Brief läßt Sophie ihrem Diethelm zugehen, der ihn postwendend der Gräfin präsentiert. Da er sie und ihren Anhang mit der gezielten Falschnachricht täuscht, soeben in Bankrott geraten zu sein, und sie dadurch fatalerweise veranlaßt, ihre Maske fallen zu lassen, verliert Sophie ihre Stellung bei der Meerwitz und lastet nun ihre plötzliche Kündigung durch diese dem Freund an.

Doch die Wandlung zum Guten vollzieht sich neben dem Fund jener 7000 Taler im alten Schreibpult endgültig dadurch, daß sich Sophie dem darob völlig verdutzten Diethelm gegenüber als Rat Erlens Tochter entpuppt.

Mißverständnisse, Überraschungen und Rührung nahe beieinander also auch diesmal. Aufschlußreich die Erkenntnis, daß Heirat zwischen einem zunächst wohlsituierten jungen Mann und einem vorerst armen Mädchen - also zwischen bürgerlicher Oberschicht und Unterschicht - damals bereits als eine Art Mesalliance gewertet worden ist.

5. Die Stricknadeln

Kurz nach der Jahrhundertwende unternahm Kotzebue mit einem befreundeten Literaten einen Spaziergang vor Leipzigs Toren. Der meinte plötzlich zu ihm, es müsse doch schwierig sein, immer neue Theaterstückinhalte aufzufinden. Darauf Kotzebue:

> „In einer Anwandlung von mutwilliger Fröhlichkeit vermaß ich mich, aus jedem Dinge, das er mir nennen werde, ein Schauspiel zu machen. In diesem Augenblick lag eine Stricknadel vor unseren Füßen; er hob sie auf, reichte sie mir hin und forderte mich auf, mein rasches Versprechen an ihr zu erfüllen. Ich gab ihm mein Wort. Lange habe ich mich mit der Idee herumgetragen und jetzt endlich mein Wort gelöst."

Inhalt: Auf seinem Landgut schreibt Baron Durlach gerade einen Brief an seine sich in der Residenz aufhaltende, vergnügungssüchtige, über zwanzig Jahre jüngere Frau. Des Barons gehässige Mutter warnt ihn vor seiner Angetrauten: ist sie ihm in der verderbten Stadt treu? Jedenfalls flirte sie dort mit anderen Männern, zumindest mit dem jungen Grafen Eßlingen. Doch sie, die Mutter, habe durch alte Freundinnen Horchposten in der Stadt beziehen lassen. Mehr noch: sie selbst wolle in die Residenz reisen, um mit Schwiegertochter Amalie „ein ernsthaftes Wörtchen zu sprechen."

Graf Eßlingen schürt das Mißbehagen zwischen den Ehegatten dadurch, daß er Amalie auf das ungewöhnliche Verhalten ihres Mannes hinweist, ihr ein ihr gehörendes, von ihrer Mutter geerbtes Schmuckkästchen vorzuenthalten. Auf ihr nachdrückliches Verlangen hin händigt ihr Baron Durlach dann auch jenes Schmuckkästchen aus. Dann fährt sie mit Eßlingen in die Residenz zurück. Die alte Baronin, die ihre Schwiegertochter wieder einmal angiften mußte, rät erneut ihrem Sohn nachdrücklich, sich jetzt endlich von der Jungen zu scheiden zu lassen, um wenigstens seine eigene Ehre zu retten.

In der Residenz öffnet Amalie auf ihrem Zimmer jenes Schmuckkästchen. In im befinden sich nur fünf Stricknadeln und ein Begleitschreiben ihrer verstorbenen Mutter: mit jenen Nadeln habe sie als Näherin sich und Amalie kümmerlich ernährt, bis der reiche Baron Durlach in der Tochter Leben getreten sei. Alsbald erscheint die alte Durlachen bei ihr und eröffnet mit kaum verhohlener Schadenfreude, ihr Sohn wolle sich demnächst scheiden lassen; doch werde er dann seiner Ex-Frau „ein anständiges Jahresgehalt aussetzen." Danach läßt sich Amalie von Graf Eßlingen zu einem Maskenball abholen. Der inzwischen angereiste Baron, vom Dienstmädchen entsprechend informiert, will nun auch seinerseits jenen Maskenball besuchen.

Am nächsten morgen berichtet Amalie dem Eßlingen, sie habe während der Ballnacht 600 Dukaten am Spieltisch verloren, doch ein ihr unbekannter Maskierter beim Spielbankhalter ihre Schulden beglichen. Ein Notar überreicht Amalie versiegelte Papiere; diesen entnimmt sie, daß ihr Mann sie testamentarisch zu seiner Universalerbin eingesetzt habe. Daraufhin schickt sie den Grafen Eßlingen endgültig fort. Die alte Durlachen übermittelt ihr die Falschinformation, ihr Sohn sei nachts in einem Duell gefallen. Diese wird umgehend dahin korrigiert, der Baron sei nicht tot, sondern lediglich verwundet. Der findet sich endlich selbst ein, den lädierten Arm in der Binde. Von tiefster Reue erfaßt bricht Amalie vor ihm total zusammen: „Häusliche Zufriedenheit vertauschte ich gegen elenden Flitter." Solch radikale Selbsterkenntnis bahnt nicht nur Verzeihen, sondern dauerhafte Aussöhnung zwischen den Eheleuten an.

Baron Durlach ist ein ritterlicher Ehemann ohne Fehl und Tadel. Amalie, die dauernd ihrer gehässigen Schwiegermutter entrinnen will und muß, überwindet ihren Hang zur Vergnügungssüchtigkeit in der Residenz einmal dadurch, daß sie spät, doch nicht zu spät die unaufrichtige Courtoisie des Grafen Eßlingen durchschaut, der in ihr nur ein billiges Amüsement-Objekt sucht:

> „Beglücken Sie einen Anderen, der durch zarte Liebe die entflohenen Freuden ihrer Jugend zurückrufen wird.";

die Baronin im Scheidungsfall jedoch garnicht zu ehelichen gedenkt (III/5; IV/3). Zum zweiten infolge ernsthaften Nachdenkens über den Schmuckkästcheninhalt. Wie kann sie die jahrelang aufopferungsvolle Mühewaltung mit den Stricknadeln in den Händen ihrer Mutter auf Dauer vergessen? Zum Dritten Langmut und Sorge ihres Mannes um sie. Sein letzter Einsatz für sie trifft sie nun doch im seelischen Zentrum. In dem einer Irrenden, Getriebenen, Reueerfüllten, doch auf keinen Fall Unwürdigen. Auf sein Wort hin „Gefallen ist die Scheidewand, die Welt und Jugend zwischen uns auftürmte", vermag sie nur schluchzend zu reagieren „Ich verdiene es nicht."

Diesmal scheint die im Theaterpublikum aufkommende Rührung in einer seriöseren Rechtfertigung verankert zu sein als sonst bei Kotzebue.

Gegenüber dem Stadtleben wird auch hier das Landleben gepriesen. Und so fragt denn zum Schluß der Baron seine zu ihm auch innerlich Heimgekehrte: „Fühlst du dich stark genug, in ländlicher Stille Frieden und Freude zu finden?"

6. Die Unvermählte

Nur wenige Jahre nach den Stricknadeln schrieb Kotzebue (um 1808) ein weiteres sentimentales „Drama in vier Aufzügen" nieder. Und wieder einmal geht es um eine Amalie. Nämlich um das unverheiratete Fräulein von Seelenkampf.

Sie die letzte ihres Namens und Geschlechtes, hat eine unglückliche Liebe hinter sich. Der mit ihr verlobte Graf Rebenstein löste sich von ihr, nur um sich in eine reiche Heirat flüchten zu können. Doch jene Frau ruinierte ihn finanziell vollständig, so daß er spurlos in der Ferne entschwand. Die Tochter Leopoldine aus jener Ehe zog Amalie als Pflegetochter auf wie bereits einen Pflegesohn namens Loring, der es beim Militär inzwischen bis zum Leutnant gebracht hat. Allerdings haben jene Verhältnisse zwischenzeitlich dazu geführt, daß sich Loring und Leopoldine lieben und heiraten wollen.

Jetzt tritt Rebenstein plötzlich bei Amaliens Fürsten als Friedensemissär eines anderen Landes auf, erlebt dabei ein anrührendes Wiederseh'n mit Amalie und seiner Tochter Leopoldine, will aber letzterer Trauung mit Loring verhindern, weil er auf einem geburtsadeligen Schwiegersohn besteht. Daraufhin adoptiert Amalie mit fürstlicher Zustimmung ihren Pflegesohn. In dem nun wenigstens nach dem Register blaublütigen Ehemann Leopoldines darf nun Amalie von Seelenkampf genealogisch weiterleben.

Standesunterschiede werden mittelbar als auch hier nivelliert, was die Rührung beim damaligen Zuschauer fördern mochte. Selbst der Fürst äußert sich freimütig zu einem Gesprächspartner:

> „Erinnern Sie mich doch nicht immer an den Fürsten! Ich bin so herzlich froh, daß ich auch einmal ein natürlicher Mensch unter Menschen seyn darf."

Daß Kotzebue nicht auf das hier Nächstliegende verfiel, daß der Witwer Graf Rebenstein seine ehemalige Verlobte Amalie von Seelenkampf zum Traualtar führt, bleibt sein Geheimnis.

7. Die deutsche Hausfrau

Und nochmals eine Amalie! Als Auslöserin von Rührseligkeiten, die wahrhaftig nicht jeder Theatergast zu verkraften vermag.

Sie ist die Ehefrau des Herrn von Wertheim, der Landesverrat begeht. Der von dem Adjutanten Moorau jenes Verrates überführt wird. Doch Moorau offenbart sich danach als des Herrn von Wertheim unehelicher Sproß. Was schon in der Vergangenheit Amalie instinktiv dazu getrieben hat, ein zwischen ihrer und Wertheims Tochter Julie sich anbahnendes Liebesverhältnis zu Moorau ständig zu torpedieren. Bedrängt wird Amalie von Wertheim aber auch - vergleichbar den „Stricknadeln" u.a. - von einer haßerfüllten Schwiegermutter. In unerschütterlicher Treue will sie ihrem Ehemann zur Seite stehen, obwohl ihr Onkel Herr von Biedersee Einleitung eines Ehescheidungsverfahrens vorschlägt, und der General von Zabern, mit dem ein Sympathieverhältnis auf Gegenseitigkeit besteht, sie im Scheidungsfall sofort seinerseits heiraten würde. Den fleht sie in ihrer mitleidigen Fairness sogar an, ihren straffälligen Gatten vor einem hochnotpeinlichen Prozeß zu bewahren.

Etwas gewaltsam wird hier ein Happy End herbeigeführt. Das erst im Völkerschlachtjahr 1813 von Kotzebue auf den Theatermarkt geworfene dreiaktige Schauspiel von der „Deutschen Hausfrau" hat denn auch keinen sonderlichen Erfolg einfahren können.

8. Der Brief aus Cadix

Die Vorgeschichte des etwa zur gleichen Zeit (1813) niedergeschriebenen Schauspieles: Der Zwillingsbruder des Kaufmanns Murwall war vor wenigen Jahren auf einer mit seinem Freunde Jakob Holm gemeinsam unternommenen Seereise anläßlich einer Schiffskatastrophe offenbar ertrunken, während Holm sich gerade noch retten konnte. Einer Flaschenpost zufolge sollte sich der Zwillingsbruder dann doch noch auf die Insel Madagaskar gerettet haben. Über einen Geschäftspartner in Cadix versucht Murwall seitdem, seinen Bruder von jener Insel mittels eines Expeditionsschiffes zurückzuholen. Am Schluß trifft dann aus Cadix tatsächlich die Nachricht von der Rückkehr des Geretteten ein.

Wütend wirft Murwall dem inzwischen zum Bürgermeister seiner Stadt aufgestiegenen Jakob Holm sowie der Familie seines Bruders vor, sich nicht um diesen auf Madagaskar als Sklave Lebenden zu kümmern, sich nicht bemühen zu wollen, ihn heimzuholen. Indessen hat sich Holm vergeblich bemüht. Und der älteste Sohn Leopold des Zwillingsbruders - also sein Neffe - muß als Amtadvokat alle Kräfte dafür einsetzen, Mutter und jüngere Geschwister zu ernähren. In seinem Haß rundum verbietet Murwall seiner duldsamen Tochter Amalie sogar, in die Familie Holm einzuheiraten, und will obendrein noch verhindern, daß Neffe Leopold und Holms Tochter Julie ein Paar werden. Zum Überdruß wird Murwall wegen politischer Widersetzlichkeiten auf Befehl des zuständigen Fürsten verhaftet und danach vom eigenen Neffen Leopold daheim unter Polizeiaufsicht gestellt.

Am Schluß wird aus Cadix das glückliche Eintreffen des Zwillingsbruders gemeldet. Nun klärt sich auch auf, daß auf die Gefahr eigenen Geschäftsbankrottes hin Holm unter Einschaltung seines Sohnes die Rettungsaktion organisiert und finanziert hatte.

Leopolds jüngere Geschwister - noch Kinder - sorgen zusätzlich für den gegen Stückesende bei einigen Theatergästen einsetzenden Tränenfluß. Der ja auch schon zuvor durch die erst verhinderten und dann doch noch ermöglichten Hochzeiten vom Autor vorbereitet wird. Die gewaltsame Bündelung auseinander driftender Aktionsstrippen ist dem Stück nicht gut bekommen. Eine klare Linie fehlt. Es wird zu viel an lange zurückliegenden Fakten nachgeschoben. Statt des unnötigen Eingriffs des Fürsten hätte der Konflikt zwischen Murwall und seinen Verwandten/Bekannten verständlicher herausgearbeitet und psychologisch vertieft werden müssen. Jenes fortgesetzte Durcheinander verärgert.

VI.

LUSTSPIELE

Erweisen sich Kotzebues rührselige Schauspiele für eine heutige Spielplangestaltung - die „Stricknadeln" ausgenommen - als nahezu bedeutungslos, so steigt demgegenüber der Qualitätspegel bei seinen lustspielhaften Gestaltungen deutlich an. Zwar ändert sich bei der Personenbestückung typenmäßig nur wenig. Schöne Seelen und empfindsame Jünglinge, Karikaturen beiderlei Geschlechts meist älteren Jahrgangs, würdige Hausväter, opferbereite Mütter, mißgünstige Intriganten, Aufschneider und Tölpel finden sich auch hier. Doch die jetzt mehr oder weniger obwaltende Situationskomik drängt unauffällig das nur um seiner selbst Rührungsauslösende zurück. Vor allem im Dialog beherrscht Kotzebue die ganze Skala des Komischen, von feinziselierender Ironie bis hin zum grobschlächtigen Sarkasmus. Der reine Unterhaltungswert solcher Stücke entspricht durchweg den Erwartungen des Theaterpublikums, namentlich dem der damaligen Goethezeit. Dennoch könnten auch heutige Filmproduzenten gut und gern zum eigenen Nutzen jene Handlungsabläufe oder wenigstens einige von ihnen im Blick auf gefällige Teleprogrammatik überprüfen.

1. Armut und Edelsinn

Dieses dreiaktige Lustspiel (1795) lebt von den Inkontrastsetzungen unter seinen Agierenden. Nur zu gern möchte Fabian Stöpsel, Buchhalter des Kaufmannes Peter Plum, die Zuneigung Louises, der Tochter von Plums Wirtschafterin Frau Rose gewinnen. Dabei winkt er mit 80000 Mark, die er nach dem Tod seines Vaters geerbt habe.

Doch das Mädchen bevorzugt den bei Plum zur Miete wohnenden schwedischen Leutnant Baron Cederström. Seiner eigenen Tochter Josephine eröffnet Plum, der junge holländische Kaufmann van der Husen reise an, um sie zu heiraten. Mit jenen Bräutigam in spe möchte Plum vor allem vorteilhafte Handelsgeschäfte abschließen. In der 4. Szene des II. Aktes offenbart Cederström der von ihm heißbegehrten Louise, er sei aus Schweden verbannt und somit in die Armut getrieben worden, weil er dort in jugendlicher Unerfahrenheit an verbotenen Aktionen teilgenommen habe. Louise überspielt seine Mittellosigkeit mit dem Hinweis auf ihren eigenen wohlhabenden Vater. Daraufhin resigniert Cederström: „Daß der Mann nur im Wohlleben von dem Vermögen seiner Gattin schwelge, das verbietet die Ehre."

Van der Husen führt sich in Plums Haus unter dem falschen Namen Peter Flock ein. Zwar sei er ein armer Teufel, wolle aber dennoch Plums Tochter, um eine reiche Heirat zu machen. Josephine begegnet ihm ebenfalls unter falschem Namen, nämlich unter dem Louises. Und als solche sei sie bereits an den Holländer van der Husen versprochen. Der sagt ihr daraufhin aufs Gesicht zu, sie sei nicht Louise, sondern Josephine. Doch Kaufmann Plum möchte den „Peter Flock„ am liebsten gleich aus dem Hause werfen. Schließlich meldet Buchhalter Stöpsel der darob erschrockenen Louise, Baron Cederström sei in einem Duell verwundet worden.

Louise, die sich sehr um Cederström Gesundheit sorgt, will ihn finanziell unterstützen. Das will später (III/5) aber auch van der Husen, der ihm eröffnet, daß Louise Kaufmann Plums Tochter sei. Jedenfalls sehen sich jetzt beide junge Männer als Werber um die Gunst der beiden Mädchen. Josephine fragt nun aber auch ihrerseits den Angereisten, wer er nun wirklich sei. Der entdeckt sich ihrem Vater als Sohn des reichen holländischen Kaufmannes, des Inhabers der Firma van der Husen & Compagnie.

Plums Bruder zeigt Louise das bisher sorgsam versteckt gehaltene Porträt ihrer zwischenzeitlich verstorbenen Mutter Wilhelmine und bekennt sich zu seiner Erzeugerschaft. Und so können denn (III/14) zwei brüderliche Väter Louise mit Baron Cederström und Josephine mit van der Husen zusammengeben.

Die Figuren des Lustspieles sind zwar treffend gezeichnet, doch das Komische ist nur schwach dosiert anzutreffen. Das unter Falschnamen sich nähernde Liebespaar Josephine/van der Husen hebt sich in seiner deftigen Launenhaftigkeit von dem empfindsameren Paar Louise/Cederström ab. Indessen bleiben ausgesprochene Lachszenen aus. Vielleicht abgesehen von der Szene I/4, in welcher Buchhalter Stöpsel bei der Wirtschafterin Rose um die Hand Louises anhalten will; die Rose glaubt jedoch zunächst, jener Antrag gelte ihr, der Mutter. Die dialogische Schlagfertigkeit zwischen Josephine und dem jungen Holländer in II/8 bleibt im Gedächtnis haften.

2. Der Wildfang

Die Szenerie verteilt sich abwechselnd auf den vieltürigen Saal in einem Wirtshaus und in demselben auf das Zimmer Numero 3 der Frau von Brumbach. Die weniger für ihre seelenvolle Tochter Nantchen oder gar für kokettes Kammermädchen Lieschen, als vielmehr für ihre eigene Person auf Männerfang ausgeht. Lieschen über sie:

> „Den ersten Mann hat sie tot geärgert. Der zweite
> ist ihr davongelaufen. Den Dritten wird sie schon
> besser einsperren (I/3)".

Auf Tochter Nantchen hat es der mit seinem Hofmeister Felix ebenfalls im Wirtshaus abgestiegene junge Baron Fritz Wellinghorst abgesehen, der dauernd hinter Weiberröcken her ist, und dem jetzt immerzu der mütterliche Drachen im Wege ist. Um an Nantchen zu gelangen, nimmt Wellinghorst Zuflucht zu mehrfachen Verkleidungen. Und die bestimmen wesentlich den Gang der Handlung.

Frau von Brumbach will Nantchen ihrer knospenden Jugend wegen noch nicht für eine Heirat freigeben, peilt jedoch eigens eine Ehe mit dem derben, leicht proletenhaften Landjunker von Pfiffelberg (I/6) an. Als der bei ihr tatsächlich erscheint, weist sie ihn alsbald seiner dümmlichen Redensarten wegen aus dem Zimmer. Um so mehr warnt sie jetzt ihre Tochter Nantchen vor einem Gunstwerber: „Ein Liebhaber ist ein arglistiges Wesen, welches deine Schwachheit benutzt."

Um dennoch in Nantchens Nähe zu gelangen, ihr wenigstens einen Brief zukommen zu lassen, führt sich der junge Baron bei Frau von Brumbach als deren Friseur ein (I/9-11). Doch der echte Friseur erscheint und enttarnt Wellinghorst. Geistesgegenwärtig macht dieser der Frau von Brumbach eine Liebeserklärung, die ihn daraufhin als ihren Kammerdiener einzustellen gedenkt. Aber auch der erneut hinzukommende Landjunker von Pfiffelberg erkennt ihn wieder, und zwar als Zechbruder vom Vorabend. Das streitet Wellinghorst ab und türmt.

In der Verkleidung eines beinamputierten Invaliden unternimmt Wellinghorst einen neuen Annäherungsversuch, die momentane Abwesenheit der Frau von Brumbach, die ihre Putzmacherin besucht, ausnutzend (II/5). Nantchen und er lassen ihre Zuneigung zueinander erkennen. Als die Mutter unverhofft zurückkehrt, springt Wellinghorst nach Calderonscher Manier durchs Fenster in den Garten. Bei einsetzender Dunkelheit steigt er jedoch wieder durchs Fenster ohne Holzbein bei Frau von Brumbach ein und umarmt sie heftig, wähnend, es sei Nantchen. Die ihrerseits glaubt, Pfiffelberg vor sich zu haben. Verständliches Entsetzen bei der Irrtumsaufdeckung.

Am nächsten Morgen (II/10) erklärt er ihr dreist:

„Der Herr von Pfiffelberg ist mein Vater. Meine Mutter war seine Haushälterin. Als ihre Reize verblüht waren, verstieß sie der Grausame. Sie ging in die weite Welt und ernährte sich und mich durch Bettelbrot."

Und deshalb bitte er sie, die Wohlhabende, jetzt um eine bescheidene Unterstützung. Pfiffelberg kommt plötzlich herzu, und wiederum geistesgegenwärtig wirft er sich ihm als seinem unehelichen Vater zu Füßen. Nochmals vermag er rechtzeitig zu türmen, als dieser völlig konsterniert jede Erzeugerschaft abstreitet.

Durch das kesse Kammermädchen Lieschen entsprechend avisiert, führt sich Wellinghorst bei Frau von Brumbach nunmehr in Verkleidung eines jungen Mädchens ein, das von Pfiffelberg geschwängert worden sei. Die schickt es/ihn zu Tochter Nantchen, die Trost spenden soll. Doch bald wird ihr gemeldet, das angeblich unglückliche Mädchen habe sich als junger Mann entpuppt und sei mit ihrer Tochter unbekannten Zieles auf und davon. Die Brumbach, die Herrn von Pfiffelberg gerade den Stuhl vor die Tür setzen will, verzeiht ihm seinen angeblichen Fehltritt und will ihn sogar heiraten, falls er unverzüglich den beiden Ausreißern nachsetzt und sie zurückbringt.

Nantchen, alsbald mit Wellinghorst wieder im Wirtshaus, weigert sich mit ihm auf sein Zimmer zu gehen. Sein Hofmeister Felix stellt die Ängstliche für die nächste Nacht unter seinen persönlichen Schutz.

Wellinghorst, diesmal als Wirtshauskellner verkleidet, drängt Landjunker von Pfiffelberg und das Dienstmädchen Lieschen gemeinsam in die Kleiderkammer des Hauses ab. Als sie dieser verfänglichen Situation gerade entrinnen (III/11), schnauzt Frau von Brumbach die

Anwesenden an, das sie die Suche nach ihrem Nantchen vorzeitig abgebrochen hätten. Da platzt Pfiffelberg der Kragen:

> „Blitz und Hagel! Hole der Henker Sie und ihre Tochter! Ich bin das Ding satt. Sobald ich nur den Fuß in ihr Haus setze, läßt der Satan alle seine bösen Geister los. Da kommt ein verdammter Kerl und nennt mich Vater. Ein anderer Schurke gibt sich als meine Mätresse aus. Nein, gnädige Frau! Lieber will ich zwischen den Ruinen meiner Burg Kartoffeln und Rüben fressen als in diese Hexenfamilie heiraten" (ab).

Erst jetzt enthüllt sich der Verkleidungskünstler vor Frau von Brumbach als der Baron Wellinghorst. Doch die verflucht ihn als Entführer ihres Nantchen. Daraufhin holt der Baron aus dem Zimmer seines Hofmeisters den Felix und das Nantchen. Als Frau von Brumbach (III/13) Felix erkennt, stürzt sie laut schreiend auf ihn zu: „Ah, mein Mann!" Felix entsprechend: „Alle Teufel! Meine Frau!" Sie: „Bist du immer noch nicht tot?" Er: „Leider nein!" Doch Tochter Nantchen hat nun beide Elternteile beieinander. Und die geben sie mit Wellinghorst zusammen.

Die beteiligten Personen sind klar konturiert. Streckenweise - vor allem in I/3, I/7, I/9-10, II/5, III/11 - gibt sich der Dialog ganz ausgezeichnet. Langeweile vermag nicht aufzukommen, weil Autor Kotzebue immerfort aufs Tempo drückt. Frau von Brumbach und Herr von Pfiffelberg steigern sich zu sehr einprägsamen Typen. Ob die sechsfache Verkleidung der Titelrolle die Grenze des Glaubwürdigen überschreitet, bleibe dahingestellt; bei vorsichtiger dramaturgischer Korrektur vermag sie der entsprechende Schauspieler zu einer Glanznummer aufzupolieren. Seltsam bleibt freilich, daß während des gesamten Geschehensablaufes sich in seinem Wirtshaus kein Wirt erblicken läßt. Doch Einiges scheint sich der Autor bei den spanischen

Bühnengroßmeistern Lope de Vega und Calderon abgeschaut zu haben.

Den „Wildfang" nennt Kotzebue ein „Lustspiel in drei Aufzügen für die Verdauung." Ein wahres Wunder, daß er dann nicht noch ein weiteres „für die Entleerung" geschrieben hat.

3. Das Epigramm

Gegenüber dem einfallsreichen Wildfang erweist sich das Epigramm nur als ein schwächliches Lustspiel.

Zwei Familien stellt Kotzebue vor. Zum Einen die des Kanzleidirektors Löwe. Dessen Tochter aus erster Ehe folgte dann noch aus zweiter Ehe mit einer niederträchtigen Frau ein blinder Sohn Eduart. Zum Anderen: Löwes Amtskollege Warning ist vorzeitig verstorben und hat neben seiner Witwe, der „Rätin" Warning zwei Kinder hinterlassen, Tochter Friederike und den Sohn August. Letzterer hat noch als ganz junger Bursche mit einem Spottgedicht die Frau Löwe so persifliert, das diese mit aller Macht eine Annäherung zwischen dem Epigrammatiker und ihrer Stieftochter Caroline verhinderte.

Dennoch kann Caroline ihren August Warning nicht vergessen, obwohl der das Land schon vor sechs Jahren verlassen hat. Er will nun die Stiefmutter den gespreizten Kammerrat Hippeldanz aufdrängen, der freilich auch einen Hauptmann Klinker als Rivalen um Carolines Gunst erkennt.

Während Frau Warning beim Kanzleidirektor vorstellig wird und ihn als ehemaligen Mitarbeiter ihres verstorbenen Mannes bittet, beim Fürsten eine Witwen- und Weisenpension für sie und Tochter Friederike zu erwirken, was Frau Löwe sogleich hintertreiben möchte, taucht am Ort ein Augenarzt Dr. Busch auf. Der wird zunächst für den Kammerrat Hippeldanz wichtig.

Der hat nämlich für den Fürsten ein Gutachten über das Kommerzialwesen abzufassen. Das stellt sich als ungenügend heraus. Klinker weist den Verprellten an Dr. Busch, der für ihn jenes Gutachten abfaßt. Die Abhandlung unter eigenem Namen darf Hippeldanz jedoch nur dann beim Fürsten einreichen, wenn er auf Carolines Hand verzichtet; Hippeldanz stimmt zu. „Sein" Gutachten wird zunächst vom Fürsten hoch gelobt, doch wird anläßlich einer Audienz Hippeldanz aus seinem Dienstverhältnis entlassen, weil er unfähig gewesen ist, dem Fürsten den Inhalt der Studie detailgerecht zu kommentieren. Der Fürst läßt sich deren wahren Autor kommen, ernennt ihn an Hippeldanzens Stelle sogleich zum Geheimen Kammerrat und gewährt ihm die erbetene Pension für Mutter und Tochter Warning.

Die erkennen freilich ihren Sohn und Bruder nicht wieder. Ebensowenig zunächst die August Warning liebende Caroline. Jetzt gerät Frau Löwe insofern in die Zwickmühle, als sie Dr. Buschs Bedingung erfüllen muß, Caroline heiratshalber freizugeben, wenn er deren blinden Stiefbruder Eduart heile. Tatsächlich sticht er dem Jungen erfolgreich den grauen Star. Zur Freude seiner Familie wird er endlich als August Warning wiedererkannt, bekommt seine Caroline, während sich der sehend gewordene Eduart und Friederike Warning als zweites Paar finden.

Unwahrscheinlichkeiten! Dazu wird der Inhalt jenes ominösen Epigramms nirgends verlautbart, so daß sich die Berechtigung von Frau Löwes Zorn gegen August Warning nicht beurteilen läßt. Der nun dürfte wohl kaum binnen sechs Jahren zum erfahrenen Facharzt und Augenchirurgen aufgestiegen sein. Eduarts Operation bedürfte wohl sicherlich ganz anderer Vorbereitungen als hier. Und wenn Hippeldanz sich als unfähig zu einer Gutachtenerstellung für den Fürsten erweist, fragt man sich, wie er zuvor überhaupt erst als Kammerrat angestellt werden konnte. Daß August - wenn auch nach sechs Jahren - bei seiner Heimkehr weder von Mutter noch von Schwester noch von angehender Braut zunächst wiedererkannt worden sein soll, verwundert wohl am meisten.

Die Rolle des Hauptmanns Klinker wirkt überzählig. Grotesk erscheint das Verhalten der Eheleute Löwe zueinander. Neben der mit Dominanz und Gemeinheiten keineswegs geizenden Frau wirkt der Herr Kanzleidirektor wie ein halber Pantoffelheld, der ihr möglichst viel zuschiebt und sich selbst aus dem Familiären heraushalten will. Deshalb seine Redensart: „Das gehört nicht in mein Departement."

Kotzebue schrieb den Vierakter etwa um das Jahr 1801. In Erinnerung an ein eigenes Epigramm, das er vor dem Verlassen Weimars 1781 gegen eine dortige hochgestellte Dame losgelassen hatte.

4. Pagenstreiche

Diese Posse drei Jahre später. Kotzebue wünscht sich inständig - an die Theaterbesucher gewandt - daß „zu meinen Pagenstreichen das Publikum von Herzen lacht." - Der Vorhang geht auf.

„Annelieschen, Trudchen und Kätchen stehen auf der Bühne. Berg, Busch und Tal liegen zu ihren Füßen." Doch die drei Leutnante werden seitens der Mädchen, Töchtern des Barons Stuhlbein, nicht erhört und wandern lieber ab. Ihre Mißerfolge schieben sie dem Pagen Paul im Hause, Neffen des Barons, zu, der „allen Mädchen in der Stadt die Köpfe verrückt.". Zum Leidwesen seiner drei Cousinen will Paul von Husch morgen abreisen. Und sein Onkel ist froh darüber: „Der Page ist ein Taugenichts. Vorgestern hat er einen Topf voll Maikäfer in mein Schlafzimmer gesetzt, daß ich die ganze Nacht vor Kribbeln und Krabbeln nicht ruhen konnte." Vorahnung auf Wilhelm Buschs Max und Moritz!

Seinerseits will nun Baron Stuhlbein seine drei Töchter verheiraten. Und zwar an die alten Landjunker Heldensinn, Kreuzquer und Brennessel. Die reisen auch an. Doch beim Anblick der daherschnatternden Greise dreht sich den Mädchen der Magen um; und sie wollen sich eher umbringen, als derartige Lebensgemeinschaften eingehen. Allerdings müssen nun einmal die angelangten Landjunker im Haus untergebracht werden, und des Barons Schwester Deborah befiehlt deshalb ihrem Kammermädchen Christine, die Landjunker für die nächste Nacht auf drei Gastbetten zu verteilen.

Page Paul läßt sich von Christine Tante Deborahs Schlafrock und Nachthaube reichen, verkleidet sich und schiebt die drei leicht angetrunkenen Alten in Deborahs Schlafzimmer hinein. Die hört beim zu Bett gehen fremde Stimmen und will mit Bruders Hilfe dem Spuk auf die Schliche kommen. Da platzen die Drei auch schon zur Schlafzimmertür heraus; des Pagen Regie wird entdeckt, und Christine muß die Landjunker zu den ihnen bestimmten Nachtquartieren bringen. Bestürzt jammert nun freilich Tante Deborah:

> „In mein Kämmerlein haben sie sich geschlichen,
> das noch keines Mannes Fuß jemals betreten hat.
> Was konnten sie anders da wollen, als meiner Unschuld Fallstricke legen?"

Ob solchen neuerlichen Pagenstreichs wirft im II. Akt Baron Stuhlbein am nächsten Morgen seinen Neffen aus dem Haus. Und das gleich mehrmals. Denn Paul, der in seine Cousinen verliebt ist, und deshalb nur ungern seine an sich geplante Reise antreten will, wird vom Onkel entdeckt, nachdem er sich erst im Standuhrgehäuse, danach unter dem Mitteltisch versteckt hat. Schließlich wird er vom Onkel auch noch als Plattdeutsch redender, verkleideter Blasebalgmacher identifiziert.

Im III. Akt versucht der gewaltsam hinausexpedierte Paul in Begleitung seines Dieners Stiefel zunächst, in Onkels Haus wieder Einlaß zu finden. Da dies mißlingt, musiziert er vor dem Haus als Leierkastenmann. Als der Onkel ihn von jenem lärmerzeugenden Standort vertreiben will und dabei Pauls Diener nachsetzt, springt der Page ins Haus, sperrt den Onkel mitsamt den Landjunkern aus, um sie kurz danach vom Hausbalkon aus hoheitsvoll zu begrüßen. Als unten Baron Stuhlbein endlich die eigene Haustür eindrücken kann, und oben seinen Neffen zur Rede zu stellen, springt dieser vom Balkon auf einen nahen Baum und fordert Zahlung von 100 Dukaten Reisegeld. Um solcher Erpressung zu begegnen, holt der Onkel die Polizei. Inzwischen entwickelt der Page im Kaffeehaus gegenüber vor den drei deprimierten Leutnanten Berg, Busch und Tal seinen Plan, wie sie bei den drei Töchtern des Hauses die drei alten Landjunker austricksen können.

Verabredungsgemäß locken nun im IV. Akt die Leutnante die Landjunker aus Stuhlbeins Haus. Berg als St. Petersburger Soziétémitglied bietet Brennessel eine tolle Ökonomieexpertenstellung bei einem russischen Fürsten an; danach überbringt Busch als kgl. Kurier dem Heldensinn die Bitte des Monarchen, ein ehrenvolles Truppenkommando zu übernehmen; schließlich Tal als Buchhändler dem auf Autorenruhm versessenen Kreuzquer eine Spitzenhonorarszusage für die Drucklegung dessen letzten Reiseberichtes. Als der Baron den Landjunkern folgt, schlüpfen die drei Leutnante ungesehen in sein Haus.

Stuhlbein wartet vergebens auf die Rückkehr seiner drei designierten Schwiegersöhne. Die lassen sich entschuldigen, weil sie sofort abreisen müssen: der eine in die Residenz seiner Verlagsvertragsverhandlungen wegen, der zweite zum kgl. Kampfeinsatz, der dritte zu einem reichen russischen Fürsten an der Wolga. Resignierend stimmt der Baron der Heiraterei seiner Töchter mit den Leutnanten zu. Und zahlt seinem abreisenden Neffen die erbetenen 100 Dukaten schon deshalb, um ihm weitere Pagenstreiche zu verunmöglichen.

Auch wenn die drei Trios immerfort wie mit nur einer Stimme sprechen, so eignet sich die fünfaktige Posse durchaus als brauchbarer Lachschlager. Beim Publikum heimste sie entsprechenden Erfolg ein.

Heute wäre sie verfilmungsreif. Allerdings müßte da zuvor einiges ausgemerzt werden: etwa (I/16) daß der Baron, der es im eigenen Schlafzimmer stöhnen hört, dies nicht untersucht, sondern die Nacht lieber vor der eigenen Schlafzimmertür zubringt. Oder daß der Page vom Balkon aus auf einen Baum springt, ohne dabei Blessuren davonzutragen. Oder gar am Schluß, wenn der Baron glaubt, daß die großen Gemälde seiner Ahnen tatsächlich sprechen können, während dies nur Imitationsstimmen Pauls und seines Dieners sind.

5. Pächter Feldkümmel

Weniger erfreulich gibt sich da der Fastnachtsschwank (um 1811) „Pächter Feldkümmel von Tippelskirchen." Ein aufschneiderischer und obendrein auch noch geistig eingeengter Landjunker möchte unbedingt in Wien den bei der Schneiderwitwe und Pensionsbetreiberin Madame Lafond untergebrachten Lyzeumsbackfisch Henriette Lilienhain heiraten und rüstet sich zur Fahrt in die Stadt. Henriette liebt jedoch den jungen Blond. Und der betrachtet es als seine Hauptaufgabe, den rivalisierenden Landjunker aus Wien wieder hinaus zu ekeln. Dazu engagiert er sich seinen Berliner Freund, den Pfiffikus Schmerle, und dessen kesse Frau Sabine zum Erfolgshonorar von 1000 Talern.

Schmerle läßt sich von dem in der Stadt eintreffenden Feldkümmel als dessen Lohndiener namens Kochlöffel anheuern. Der Angereiste händigt seinem „Kochlöffel" sogar den eigenen Paß aus, damit er ihm eine Unterkunft besorge.

Der nächste Akt führt ins Domizil der Madame Lafond. Bei ihr führt sich Blond als Tanzlehrer ein. Dabei gelingt es ihm, sich nicht nur mit Henriette auszutauschen, sondern auch deren Mitschülerinnen gegen den zu erwartenden Feldkümmel einzunehmen. Die kreisen dann den plumpen Landjunker, der am Tanzunterricht gleich teilnehmen will, so ein und stoßen ihn zwischen sich hin und her, daß ihn leichter Schwindel befällt. Sie werfen ihm vor, sie beim Tanz getreten und verletzt, ein Kleid besudelt, einen Rock zerrissen, eine Puppe zerbrochen, sogar einen Papagei ermordet zu haben. So daß die ihm anfangs wohlwollende Pensionsbetreiberin ihn schließlich einen barbarischen Tölpel nennt, als er sich in einen Sessel flegelt und dabei mit seinem feisten Gesäß ihr darauf liegendes Hündchen totdrückt. Eine gellende Hundemordanklage der Lyzeumsmädchen treibt Feldkümmel schließlich aus der Lamond Wohnung.

Er begibt sich in ein Wirtshaus zum grünen Ochsen, um ein opulentes Frühstück einzunehmen. Dort rückt ihm Sabine Schmerle, zuerst mit ihrer Harfe Tafelmusik veranstaltend, immer näher auf die Pelle, stellt sich ihm als Jungfer Nierenkalb vor, der er in Tippelskirchen die Ehe versprochen habe. Als ihm der Kellner einen brennenden Plumpudding serviert, wirft er den ihm an den Kopf. Daraufhin geht der Diener mit dem Besen, Sabine Schmerle mit einem Dolch auf ihn los. Feldkümmel flüchtet und zwängt sich draußen auf der Straße in eine Portechaise, als er darinnen Platz genommen, bricht der Chaisenboden durch. Die Träger verlangen 1000 Gulden Schadensersatz; er droht ihnen 100 Stockprügel an. Schließlich bringt ihn ein Gendarm aufs Polizeirevier, weil er sich nicht ausweisen kann. Dort glaubt man seiner Behauptung er habe den Paß seinem Lohndiener Kochlöffel gegeben, deshalb nicht, weil es in der ganzen Stadt keinen Menschen namens Kochlöffel gibt.

Weil Feldkümmel sie angeblich beleidigt habe, fordert Sabine Schmerle ihn zum Pistolenduell im Wiener Prater um 6 Uhr frühmorgens. Da er sich mittlerweile ziemlich angeschlagen fühlt, schlägt ihm Schmerle-Kochlöffel eine Konsultation bei dem Neurologen Dr. Jurgus vor. Und so schiebt er Feldkümmel in dessen Praxis, wo er mit Verrückten konfrontiert wird. Als ihn der Arzt einsperren will, schleudert Feldkümmel ihn und seine aggressiven Betreuten zu Boden und verläßt - „Ich bin in ein Tollhaus geraten" - fluchtartig das Haus des Nervenarztes.

Draußen auf der Straße konfrontiert ihn Schmerle-Kochlöffel mit einer hohen Geldforderung dessen „Braut" Henriette, die ihn zu einem Ball einlade und sich dafür entsprechende Garderobe habe kaufen müssen. Blond, sich als Advokat Strunk ausgebend, droht ihm, vier Prozesse anhängen zu wollen. Als die Lyzeumsschülerinnen einschließlich Henriette ihn auch noch schadenfroh umringen und unentwegt frozzeln, setzt Feldkümmel alles daran, so schnell wie möglich ohne Henriette nach Tippelkirchen zurückzugelangen. Als er weg, umarmen sich Henriette und Blond, der dem Pfiffikus Schmerle gern die vereinbarten 1000 Taler zahlt.

Solche - noch nicht einmal vollständige - Serie von Schabernacksstreichen gegen den ungelenken Feldkümmel ermüdet früher oder später den Theaterbesucher. Hier hat Kotzebue zu viel des Guten bzw. des Schlechten aufgefahren. Sicherlich stellt der Landjunker keine sympathische Figur dar, doch derart nervlich verschlissen zu werden, das hat er wohl doch nicht verdient. Da kann es nicht ausbleiben, daß sogar Mitleid mit dem angereisten Provinzler aufkommt. Und daß die Aktionen der Gegenfiguren kaum noch Interesse wecken. Ein von Kotzebue gewiß nicht beabsichtigtes Resultat!

༄༄༄༄༄༄

Während der gleichen Zeitspanne - um 1810 - schrieb Kotzebue noch zwei weitere Lustspiele nieder, die jedoch ungeachtet zeitraffender witziger Dialoge mangels ausreichender Aktionssubstanz alsbald wieder von den Theaterspielplänen verschwanden.

In „Sorgen ohne Not und Not ohne Sorgen" versucht die bei ihrem reichen Onkel, dem Kaufmann Bebefrost, wohnende Heloise, sich den von ihrer verstorbenen Mutter als Lebenspartner zugedachten kauzigen alten Baron Pelz ständig auf Distanz zu halten. Denn sie liebt den jungen Lerche, den auch Bebefrost favorisiert, weil er sich gut in sein Geschäft einarbeitet. Heloises Freundin Pauline und Lerches Freund Wachtel sorgen für ausgelassene gute Laune und bilden mit ihren komischen Einfällen den Gegensatz zu dem anderen, eher sentimental gestimmten Paar. Die Heirat für beide Paare ist vorprogrammiert, und Baron Pelz muß wutschäumend Bebefrosts Haus verlassen.

In dem anderen Lustspiel mit dem Doppeltitel „Der verbannte Amor oder die argwöhnischen Eheleute" leben unter einem Dach zusammen zwei Brüder mit zwei von ihnen geheirateten Schwestern. Grundlose, fast schon krankhafte Eifersucht plagt Adolfine neben ihrem Gatten Gustav, einem Arzt, wie auch den Biologieprofessor Heinrich neben seiner Bertha. Im Kontrast dazu stehen Berthas Pflegetochter Gustchen sowie ihr und Adolfines zunächst unerkannt bei ihnen wohnender Bruder, der sich als Student Müller ausgibt, die Beide eine von Gefühlstiefe bestimmte Lebensgemeinschaft anstreben. Durch die Kinder im Haus wird die anfängliche Eifersuchtskomik mehr und mehr von Rührseligkeitsphasen verdrängt.

6. Der Wirrwarr oder der Mutwillige

Problematische Ausgangssituation: Frau von Langsahm, Ehefrau des dauernd schläfrigen Landjunkers gleichen Namens, will als Vormund ihres Neffen Fritz Hurlebusch diesen unbedingt mit ihrer Tochter

Doris verheiraten. Der liebt jedoch Babett, die Nichte des Landjunkers.

Auch die eigene Tochter drängt Frau von Langsahm zur Hochzeit: „Du weißt, daß dein ganzes Glück darauf beruht, den wilden Vetter Hurlebusch zu heiraten.". Und der solle sich endlich erklären. Anderenfalls verliere er kraft väterlichen Testamentes ein Drittel seines Vermögens. Später zwingt sie ihn, in Doris' Zimmer einzutreten und dieser gegenüber ein Eheversprechen abzugeben; doch dort trifft statt auf Doris der Fritz auf Nanett, woraufhin die Alte laut aufschreit. Sie droht ihm an, er werde Babett nie wiedersehen, da sie diese an einen Ort verschicken werde, „wo ihr die Liebesgrillen schon vergehen werden." Fritz seinerseits versetzt die Alte in Schrecken: im Hause sei ihm die Ahnfrau des Hauses Langsahm erschienen. Tatsächlich wird Frau von Langsahm um Mitternacht von der gespenstischen Ahnfrau heimgesucht. Das bedeute: sie müsse demnächst aus dem Leben scheiden, solle vorher ihr Gewissen erleichtern und ihm das von ihr erschlichene Testament seines Vaters aushändigen:

> „Ich hab ihn überredet, es zu unterschreiben, als ihm der Tod schon auf der Zunge saß, und er nicht mehr wußte, was er tat. Hier ist es. Zerreiße es! Verbrenne es! Du bist heute mündig. Laß meine Doris sitzen! Nur vergib mir! Auf das ich ruhig sterben möge!"

Fritz Hurlebusch will freilich nicht nur dem Druck der Alten widerstehen, sondern auch den Konkurrenten um Babetts Gunst, den Herrn von Selicour aus dem Felde schlagen. Ihm gegenüber erbietet er sich, bei Babett für ihn Postillion d'amour zu spielen. Will ihm helfen, Babett nachts in einer Postkutsche zu entführen. Das müsse vor allem deshalb geschehen, weil die Alte neuerdings Babett mit einem Major von Turteltack verheiraten wolle. Schnellstens müsse Herr von Selicour den Fluchtplan mit Babett absprechen, die gerade Kühe melke; deshalb schickt er den etwas Phlegmatischen in den Kuhstall hinunter.

Nicht genug damit! Neffe Fritz verübt ähnlich dem jungen Baron Wellinghorst im „Wildfang" oder dem Pagen Paul von Husch in „Pagenstreiche" allerlei haarsträubenden Unfug. Als er seine Babett küssen will, läßt sie eine kostbare Tasse fallen. Die Scherben drückt er dem schnarchenden Herrn des Hauses in die Hand, der deshalb später seitens seiner Eheliebsten ausgescholten wird. - Er schlägt falschen Feueralarm und veranlaßt dadurch den Landjunker, den Saal schnellstens durch ein Fenster zu verlassen. - Die beiden Brüder Langsalm, die sich sechzehn Jahre lang nicht gesehen haben und sich deshalb momentan nicht wiedererkennen, versieht er mit frei erfundenen Namen. Weshalb sie sich dann mit Herr von Schmeerbauch und mit Major von Turtelsack begrüßen; was beide zu der Annahme verleitet, es mit jeweils einem Verrückten zu tun zu haben. - Höhepunkt von Fritzens Irreführungen ist dann die nächtliche Entführungsfahrt per Postkutsche, in die außer Herrn von Selicour auch noch die ältliche Haushälterin Krick und der Hausherr selbst verstrickt werden.

Manches bleibt unklar oder gibt sich unlogisch; vor allem gegen Schluß, wenn Frau von Langsahm selbst als verschleiertes Gespenst durchs Haus schleicht. Doch die Rechnung des streicheverübenden Fritz Hurlebusch geht auf: er bekommt sein geliebtes Mädchen. Auch wenn Beide zuletzt von der Alten aus dem Hause geworfen werden: „Nimm dein Geld! Heirate Babett! Aber komme mir nicht wieder vor die Augen!"

Mit Doris wäre er wahrscheinlich in Teufels Küche gekommen. Die ihre Teilnahme an einer seiner Aktionen zugesagt „nur unter der Bedingung, daß Sie in Zukunft keinen anderen Willen haben als den meinigen" (IV/4). Doris fordert von ihm Unterwerfung. Und dazu dann noch die ständige Gegenwart einer herrschsüchtigen Schwiegermutter!

Denn Frau von Langsahm kommandiert und schurigelt ständig den ihr angetrauten Landjunker. Der ähnlich dem Kanzleidirektor Löwe in „Epigramm" sein Leben als halber Pantoffelheld unter dem Zepter der weiblichen Ehehälfte fristen muß. Bezeichnend (III/2) seine erste Frage an den ihn des Gewitters wegen wachrüttelnden Neffen: „Hat der Blitz meine Frau getroffen?" Entspringt des Herrn von Langsahm ständige Schläfrigkeit einem unbewußten Abkapselungsbedürfnis oder erweist es sich wirklich nur als rein altersbedingt? Gerechterweise ist Madame zuzugestehen, daß das Zusammenleben mit einem so extrem Ruhebedürftigen die eigene Wesensentfaltung deformieren kann. Jedenfalls beginnt die Posse damit (I/2), daß der Hausherr in seinem Lehnstuhl schläft, und sie endet damit (V/9), daß er in seinem Lehnstuhl wieder einschlafen darf.

Weshalb Kotzebue nach dem Fallen des Vorhanges zwischen II. und III. Akt verlangt „Das Orchester spielt eine passende Symphonie", bleibt trotz vernehmbaren Donnergrollen unerfindlich.

7. Die Organe des Gehirns

Dieses dreiaktige Lustspiel, das sich im Zimmer des Hauses eines Herrn von Rückenmark abwickelt, wird von der Marotte des Hausherrn verschattet, Verwandte wie Fremde nach der Formung deren Schädel auf Grund entsprechenden Tastbefundes zu beurteilen. Solche höchste eigenartige Befunderhebung entscheidet beispielsweise über die Einstellung des Herrn Katzrabe als Kammerdiener gegenüber einem anderen Stellenbewerber. Über die Ablehnung des Ferdinand von Bombeck, Freundes seiner Tochter Emilie, als künftigen Schwiegersohnes, weil der schon von der Anatomie her unmusikalisch wäre. Über die Einstufung Peters, des Dieners seines Sohnes Eduard, als eines höchst genialen Menschen.

Am meisten unter dem abseitigen Sparren des Herrn von Rückenmark leidet Tochter Emilies Vertrauter Ferdinand. Der ihm erfolglos mit einer heutigen Wechselforderung des eigenen Vaters gegen Rückenmark droht. Denn der schickt ja seinen neuen Kammerdiener mit der Schuldsumme von 2000 Louisdor los. Die Katzrabe unterwegs freilich unterschlägt, und die erst zuletzt wieder nach polizeilicher Verfolgung auftaucht. Den künftigen Schwiegervater bringt Ferdinand von Bombeck erst dadurch auf seine Seite, daß er beim Friedhofsmeister ausgegrabene Menschenschädel kauft und sie dem darob freudig überraschten anbietet. Ein einmaliger Handel: Heiratserlaubnis gegen Totenschädelschenkung!

Sohn Eduard von Rückenmark, der ins Haus seines Vaters zurückkehrt, hat inzwischen Caroline von Hellstern geheiratet, fürchtet nun freilich, der Alte könne jene Eheschließung mißbilligen und stellt deshalb seine Frau dem Vater vorsichtshalber in Verkleidung als „Herrn von Hellstern" vor. Der/Die will sich jetzt des Schwiegervaters Sympathie mit der Eröffnung erringen, bei sich ebenfalls eine Schädelgalerie angelegt zu haben. Da ihr Schädelbefund zufriedenstellend ausfällt, will Herr von Rückenmark, schon um den Bombeck aus dem Feld zu schlagen, den Herrn von Hellstern umgehend mit seiner Tochter Emilie verheiraten. Die völlig überrascht: „Lieber Vater, ich kenne ja den Herrn noch garnicht." Rückenmark: „Du darfst ja nur seinen Schädel befühlen, so kennst du ihn durch und durch." Caroline mit leisem Entsetzen: „Vortrefflich! Ich bin des Sohnes Frau und soll nun auch noch der Tochter Mann werden." Neues Ungemach schafft Ferdinand, der Herr von Hellstern zum Duell fordert; Eduard soll seiner Frau als deren Sekundant zur Seite sehen.

Emilie stutzt, als sich Eduard und Caroline plötzlich umarmen; da wird ihr langsam klar, daß Caroline ihre Schwägerin ist und garnicht als künftiger Ehemann fungieren kann. Ferdinand kommt sich übertölpelt vor, zieht notgedrungen seine Duellforderung gegen den falschen Herrn von Hellstern zurück und entschließt sich zum Schädelkauf beim Friedhofsmeister.

Sieht man von der zentralbelastenden Absonderlichkeit des Hausherrn ab, so hat Kotzebue wieder einmal ein locker und amüsant dahersprudelndes, reines Unterhaltungsstück geschaffen, das begrenzt sicher auch seinerzeitigen Anklang gefunden hat.

8. Der Vielwisser

Peregrinus, ein Naturwissenschaftler, ist nach Studien und Studienreisen auf das Schloß seines Vaters, des Baron Buchhorn zurückgekehrt. Fortgesetzt traktiert und langweilt er Vater und seinen lebenskundigen, patenten Bruder Philipp mit seinem geistigen Universalwissen. Selbst den Koch des Hauses pfropft er mit Details antiker Kochkünste voll. Zwei Nachbarn, die sich über ein Erbbegräbnis streiten, hält er ein ausführliches Kolleg über die Bestattungsbräuche der alten Griechen und Römer. Die beiden jungen Damen Amalie und Babette, die ihm zur Verheiratung angeboten werden, schlägt er in die Flucht, als er sie intensiv mit systematischer Stoffdurchdringung bombardiert. Sogar Mitglieder einer Wanderbühne sollen sich von seinen theoretischen theatergeschichtlichen Weisheiten hochzüchten lassen.

Die zweite Rollengruppe bilden Landedelmann von Strohm, seine Tochter Amalie und deren Onkel Herr von Rinnsaal. Die beiden also miteinander verwandten Herren wollen gegeneinander prozessieren eines Erbbegräbnisses wegen, das eine neuerliche Wasserflut arg geschädigt hat. Dauernd entnervender Streit zwischen ihnen. Strohm schließlich total verärgert:

„Sterben Sie in Gottes Namen! Aber eher lege ich mich lebendig ins Grab, ehe ich Sie hinein lasse."

Und vor dem hinzutretenden Peregrinus:

Rinnsaal: „Ich will Ihnen die Sache vortragen.
Strohm: Ich will zuerst reden.
Rinnsaal: Ich bin der Kläger.
Strohm: Ich bin drei Jahre älter als Sie.
Rinnsaal: Und ich bin dreimal vernünftiger als Sie.
Strohm: Ihr bißchen Vernunft hat die Wasserflut mit fortgeschwemmt."

Die beiden alten Streithähne gelangen erst durch Peregrinus schlitzohrigen Bruder Philipp zur Versöhnung, als er jedem von ihnen - getrennt - berichtet, Blitzschlag habe des Anderen Gut eingeäschert. Natürlich eine Falschmeldung, doch sie bewirkt eine deutliche Minderung der an sich lächerlichen Streitsucht der Beiden. Zuvor hat Tochter/Nichte Amalie eine Verehelichung mit Peregrinus davon abhängig gemacht, daß dieser den drohenden Gerichtsprozeß verhindert. Wozu dieser weder willens noch fähig.

Ein drittes Handlungselement steuern der Botaniklehrer Hummer und seine Tochter Babette bei. Hummer hat vor drei Jahren Peregrinus unterrichtet und will nun nach einem in Würzburg angetretenen Vierzigmeilenfußmarsch sich vergewissern, ob Peregrinus auch jetzt noch Gefühle für seine Tochter hegt. Am Schloß Buchhorn angelangt, wird sich Babette mit ihrer „Rivalin" Amalie schnell darin einig, daß der Peregrinus ein Bräutigam zum Wegwerfen ist.

Schließlich gesellt sich zum Rollenpersonal - allerdings eher peripher - eine Wandertheatertruppe, bestehend aus Prinzipal Dreipfennig,

Tanzmeister Fiddel, Primadonna Rumpel, Heldenspieler Krach und Feuerwerker Knallsilber. Die Truppe soll die erwartete Verlobungsfeier Peregrinus-Amalie mit einer Ariadne-Vorstellung unterhaltsam begleiten. Da wegen Gagenverzugs Heroine Rumpel in Streik getreten ist, springt zur erlösenden Freude des Schmierendirektors Babette Hummer in der Verkörperung der Titelrolle ein.

Aus diesen vier Handlungssträngen flicht Kotzebue, der sich ja mit Wanderbühnen hinreichend auskannte, einen Aktionsverlauf, dem weder Kurzweil noch Überraschung abgeht. Der Auftritt einer Schulklasse aus dem benachbarten Juxhausen am Ende des III. Aktes ist freilich als ebenso überflüssig zu streichen wie der feuerwerksbedingte Gebäudebrand ganz zuletzt.

Nähert sich der „Vielwisser" einer Charakterkomödie? Peregrinus konstatiert: „Man ist nichts, wenn man kein Gelehrter ist." Und als ihn seines wissenschaftlichen oder pseudowissenschaftlichen Geschwafels wegen sogar der eigene Vater zum Teufel wünscht, reagiert er ungerührt: „Sehr gern! Wenn ich nur wüßte, daß ich vom Teufel noch etwas lernen könnte!" Ein Gelehrter kann durchaus ein allgemeingültiges Charakterbild abgeben, verkörpern. Auch Molière schrieb seine „Gelehrten Frauen". Doch der hier vorgeführte Peregrinus gibt sich derart singulär absonderlich, daß da eine Allgemeingültigkeit völlig schrumpft. So läßt er sich mit Molières Heuchler, Geizigem, Menschenfeind, oder Eingebildet Kranken nicht vergleichen.

9. Blinde Liebe

Die reiche junge Witwe Emilie von Mollingen, seitens des jungen Leutnants von Salm still verehrt, ist in den buntschillernden Baron Karl Qualm verschossen. Sie idealisiert ihn sich und will die von ihm „gedrehten krummen Dinger" nicht zur Kenntnis nehmen. Einen seinen Werklohn einfordernden Restaurateur läßt sie sich von ihm als den berühmten Naturwissenschaftler Professor Buchsbaum vorstellen. Für ihn als Schuldner löst sie einen vom Wucherer Marksauger präsentierten Wechsel ein. Vor allem steigert sie sich in die irrige Vorstellung hinein, anläßlich des gestrigen Gesellschaftsballes habe Qualm sie in ihrer Ohnmacht aus der brennenden Redoute gerettet und nach Hause gebracht. Er flunkert ihr vor, ansehnliche Güter in Franken zu besitzen; sie glaubt ihm das ohne weiteres. Heißesten Herzens erwartet sie ihre morgige Eheschließung mit dem Baron, dessen Ehekontraktsentwurf sie blindlings unterschreibt. Der kann deshalb mit Recht hymnisieren: „Gesegnet seist du, blinde Liebe!"

Emilies Freundin Henriette, Gattin des Majors von Drilling, charakterisiert sie (II/2) ziemlich zutreffend:

> „Emilie ist eines von jenen sanften Geschöpfen, die von ihrer hilflosen Weiblichkeit so durchdrungen sind, daß sie sich schnell und gern an den Mann von Kraft und Charakter schmiegen, der mit Zuversicht auftritt, ihnen gleichsam keine Wahl gestattet,"

Emilie hat Glück, daß Henriette ihr unentwegt beisteht und ihr endlich die Augen öffnen kann: jener Qualm sei ihr vor Jahren unter dem Namen eines Barons Blachfeld begegnet. Betrügereien, Hasardspiele und Verführung von arglosen Mädchen traue sie ihm ohne weiteres zu. Und weist Emilie auf zwei zufällig abgegebene Billetts, die Qualm ins Spielkasino einladen und ihn auffordern, endlich den Hochzeitstermin mit einer gewissen Therese auszuhandeln. Allmählich erwacht in Emilie der Argwohn. Zusammen mit der Freundin beobachtet sie Qualm im Spielkasino, ertappt ihn beim Falschspiel. Die blind Liebende wird endlich kuriert.

Ihr Gegenspieler ist - eher ein Charakterkomödiant als der Peregrinus im „Vielwisser" - der angebliche Baron Qualm, der die Personeneigenschaften eines Schürzenjägers, Heiratsschwindlers und Abenteurers in sich vereinigt. Wie Don Juan seinen Leporello, so hält sich Qualm seinen Kammerdiener Bengel, mit dem er sich nach Tilgung seiner hohen Spielschulden die ihm anläßlich der morgigen Hochzeit mit Emilie zufließende enorme Mitgiftsumme teilen will. Immerfort bittet er die Braut um Geldbeträge, um seinerseits „kleine Wohltaten im Verborgenen" zu ermöglichen. Über den von ihm aufgesetzten Ehevertrag: „Der Kontrakt ist vortrefflich. Wenn sie ihn so unterschreibt, bin ich Herr ihres ganzen Vermögens. - Ein Federzug macht sie zu meiner Sklavin." Nebenbei will er mit Emilies Zofe Malchen ins Bett; sie sei ihm „eine angenehme Zugabe." Den mit einer Forderung von 100 Dukaten auftretenden Marksauger wimmelt er dadurch ab, daß er ihm den soeben unterschriebenen Ehekontrakt verpfändet, woraufhin der Wucherer seine Wechselforderung zerreißt. Leider fallen ihm vor Emilie versehentlich Casinospielkarten aus der Hosentasche, und bei jener „Therese" redet er sich darauf hinaus, nicht er, sondern durch seine Vermittlung wolle ein anderer Mann diese Frau heiraten. Als Qualm abends im Spielkasino von Henriette und dem couragierten Leutnant von Salm immer mehr in die Ecke gedrängt wird, verweist er triumphierend auf den von Emilie unterschriebenen, für ihn so überaus günstigen Ehekontrakt. Doch diese entscheidende Urkunde, die Henriette gegen Hingabe eines kostbaren Ringes bei Marksauger ausgelöst hat, hält sie ihm jetzt vor Augen und zerfetzt sie.

Der wegen Falschspielerei ohnehin gesuchte Qualm wird vom Polizeikommissar gegriffen, als entsprungener Seiltänzer entlarvt und abgeführt. Damit ist die Bahn für eine glückliche Lebensgemeinschaft zwischen der sehend gewordenen Emilie und dem liebenswerten Leutnant von Salm endgültig frei.

10. Intermezzo

Frau von Klingen drängt ihre Tochter Amalie, welche den mittellosen Leutnant von Silberforst liebt, den reichen Junker Hans von Birken, Erbherrn auf Plumpersdorf in Pommern, zu heiraten. Der seinerseits möchte mit dieser Verehelichung einen letzten Willen seiner sterbenden Mutter erfüllen. Amalies Kammermädchen Ernestine, die einst mit dem Herrn von Birken eine zarte wechselseitige Zuneigung verband, will jetzt verständlicherweise Frau von Klingens Haus vorübergehend verlassen und zu ihrem Bruder, dem Schauspieler Karl, ziehen.

Im II. Akt gerät Birken bei seiner Berliner Ankunft am Frankfurter Tor in eine Zollkontrolle. Kontrolleur ist Silberforst. Beide Männer, die sich noch nie begegnet sind, stellen fest, daß sie um Silberforsts Erbteil einen Rechtsstreit gegeneinander führen. Gleichwohl schließen sie Freundschaft miteinander, wiewohl der resignierende Silberforst nun begreifen muß, seine Amalie endgültig an den pommerschen Landjunker zu verlieren.

Aber auch Birken verliert sich in Resignation: „Wenn die Cousine zu haben ist, so muß ich sie heiraten; das habe ich der sterbenden Mutter versprochen." Doch heimlich liebt er immer noch Ernestine, die nebst deren Vater, den Pfarrer Seelmann, jene böse Mutter seinerzeit aus Plumpersdorf vertrieben hat, um dem Sohn eine Heirat mit der Pfarrerstochter zu verunmöglichen. So läßt denn Birken jetzt heimlich nach „Mamsell Tinchen" forschen. Anläßlich ihrer ersten Begegnung im IV. Akt gelangen Birken und Amalie ziemlich schnell zu der übereinstimmenden Erkenntnis, nicht zueinander zu passen. Birken begreift deren starke Zuneigung zu dem Leutnant von Silberforst und ihre Angst, der Verarmte verliere auch noch den anhängigen Vermögensprozeß: „Gewinnt er den, so wird die Liebe siegen; verliert er ihn, so müssen wir uns auf ewig trennen."

Das alsbald eingehende Gerichtsurteil weist Birken als Prozeßgewinner aus. Doch großzügig überreicht er die erstrittene Entscheidungsurkunde Amalie als Hochzeitsgeschenk. Silberforst will es aus Ehrenempfindungsgründen nicht annehmen. Birken aber bricht auf, um Ernestine zu suchen.

Birken und sein Diener Matz verlassen nach einer Vorstellung das Berliner Schauspielhaus und weinen über das Schicksal der soeben hingerichteten Maria Stuart. Deshalb verprügeln sie Ernestinens Bruder Karl, der den Lord Burghley, den Hauptgegner der Maria Stuart, dargestellt hatte. Polizei muß eingreifen. Aber Karl Seelmann sieht das fast als Lob seiner Rollenleistung auf der Bühne, als ihm Birken reuevoll bekennt: „Es ergriff mich gewaltig. Ich habe geweint wie ein Kind. Die Leute sahen mich an und lachten."

Karl Seelmann lädt Birken und Matz in seine Wohnung ein. Dort will er ihnen ein Kurzstück, betitelt Intermezzo, mit Hilfe von Familienangehörigen vorführen. In jenem „Intermezzo" tritt unerwartet Karls Schwester Ernestine auf. Birken stürzt auf sie zu und umschlingt sie glückselig. Karl zu ihm in überlegener Ironie:

> „Verzeihung mein Herr, ich glaube, Sie wollen selbst mitspielen? Aber das paßt nicht in den Plan. Ich muß gestehen, Sie extemporieren ihre Rolle recht gut, aber....."

So endet auch dieses Lustspiel nach bewährter Manier wieder einmal mit zwei glücklichen Hochzeiten.

༄༄༄༄༄༄༄

Mittelbar zeigt sich Kotzebues weit stärkere Begabung für den Lustspielsektor auch bei den beiden von ihm übersetzten und bearbeiteten Fremdstücken. Engagiert und mit Vergnügen befaßte er sich mit

Holbergs Komödie „Don Ranudo de Colibrados". Deren sehr kurz gefaßter Inhalt:

Der spanische Grande Don Ranudo und seine Frau Donna Olympia leben am Rande des Existenzminimums, in halbzerrissener Kleidung und vom Hunger gequält. Doch immer wieder richten sie sich seelisch auf an ihren unvergleichlich altehrwürdigen Stammbäumen. Der ihnen gegenüber wohnende junge, reiche Edelmann Gonzalo will sie aus Armut und vom Hunger erretten, wenn sie ihm Olympias Nichte Donna Maria zur Frau geben. Das jedoch gelingt ihm erst, als er sich bei den pathologisch standesbewußten Ranudos als äthiopischer Prinz einführen läßt.

Demgegenüber beinhaltet Bouillys historisches Drama „Der Taubstumme" etwa Folgendes:

Adelsherr Darlemont hat seinen ihm lästigen, taubstummen Neffen Theodor in Paris ausgesetzt. Dem dortigen Taubstummeninstitutsinhaber Abbé de l'Epée, der sich rührend des hilflosen Jungen annimmt, gelingt es nach jahrelangen unendlichen Mühen, den Wohnsitz des Darlemont in Toulouse ausfindig zu machen. Dorthin fährt er mit Theodor und zwingt den Onkel mit Gerichtshilfe, dem Neffen dessen unterschlagenes Vermögen herauszugeben.

Dieser Übersetzung entledigte sich Kotzebue eher wie einer lästigen Pflichtübung. Ein bloßes Rührstück ohne Komik blieb eben auch für ihn eine fragwürdige Angelegenheit.

VII.

MEISTERDRAMEN

1. Die Kreuzfahrer

In einem Kreuzfahrerlager vor Nicäa gedenkt Ritter Balduin von Eichenhorst seiner in Schwaben zurückgebliebenen Braut Emma von Falkenstein. Andere Kreuzritter wie Robert, Romuald, Cuno und Kunibert sinnieren über ihre weitere Teilnahme an dem Kreuzzug mit dem vom Papst propagierten Ziel, Jerusalem und das heilige Land aus der Gewalt der ungläubigen Moslems zu befreien. Dem päpstlichen Legaten Bischof Adhemar gegenüber gesteht Balduin: mit Begeisterung habe er den Kreuzzug angetreten, sehe aber jetzt, nachdem er jene sogenannten Heiden näher kennengelernt habe, keinen rechten Sinn mehr in seiner weiteren Teilnahme.

Emma von Falkenstein ist im Pilgergewand ihrem geliebten Balduin nachgereist und erfährt jetzt, er sei in einer Schlacht gefallen. Deshalb sieht sie ihr weiteres Leben als sinnlos an und will für dessen Rest in das hiesige Kloster der Hospitaliterinnen in Nicäa eintreten. Vor einem solchen unüberlegten Schritt warnt sie die Pförtnerin Salome. Und die Äbtissin Cölestina bedeutet ihr die Strenge des Ordens. Habe sie das Ordensgelübde abgelegt, so werde ein Gelübdebruch mit dem Tode bestraft. Dem Bericht Emmas entnimmt die Äbtissin - ursprünglich Adelheid von Nordeck -, daß die Aufnahme Begehrende die Tochter Kurt von Falkenstein ist, „jenes treulosen Mannes, der meine Jugendblüte vergiftete, der mir das Leben zur Qual, das Vaterland zur Fremde machte." Emma teilt ihr noch mit, ihr Vater sei an den Folgen eines Jagdunfalles verstorben. Danach legt sie das Gelübde als Nonne ab.

Inzwischen haben die Kreuzritter unter anderen auch Fatime, die Tochter des moslemischen Seldschuken-Emirs, gefangen genommen. Der Emir bittet die Kreuzritter um Rückgabe seiner Tochter gegen Hingabe kostbarer Geschenke. Ritter Bohemund macht die Überstellung abhängig vom Übertritt zum christlichen Glauben. Das führt zu einer Duellforderung. An Stelle des chancenlosen greisen Emir ficht Balduin gegen Bohemund, besiegt ihn, wird aber selbst erheblich verwundet. Fatime wird ihrem Vater zugeführt.

Im III. Akt verhindert Balduin trotz seiner Verwundung einen Überfall anderer Kreuzritter auf den Emir und seine Tochter. Der bietet ihm nun ob seiner Hilfe seine Tochter Fatime als Frau an. Das lehnt Balduin ab, da „ein liebendes Mädchen, eine geliebte Braut harret mein mit Sehnsucht."

Der verwundete Balduin wird in das Hospitaliterinnenkloster zur Heilbehandlung gebracht. Zu ihm schickt die Äbtissin die in ihrem Dienst bewährte Nonne Emma als Krankenpflegerin. Lautstarke Erkennungsszene zwischen den Liebenden! Als Balduin auch noch seine in Ohnmacht fallende Braut küßt, ruft die entsetzte Cölestina die anderen Nonnen zusammen:

„Entweihung der heiligen Mauern! Reißt sie von
ihm weg! Schleppt sie in ihre Zelle! Gehorcht! Oder
Zittert vor dem Fluch der Kirche!"

Seiner Wunde wegen vermag Balduin nicht zu verhindern, daß die anderen Nonnen Emma von ihm losreißen.

Emma bittet Äbtissin Cölestina um Entlassung aus dem Kloster. Die versucht sie davon abzubringen und stößt sie auch noch mit der gezielten Falschmeldung in Verzweiflung: „Im Kampf um eine junge schöne Türkin, im unrühmlichen Kampf um ihren Besitz vergoß Balduin sein Blut." Das kann zwar Balduins Knappe Konrad überzeugend dementieren, aber Emma plant jetzt mit Hilfe der ihr wohlwollenden Pförtnerin Salome - einst in Schwaben in Cölestinas Kindheitstagen deren Amme - ihre Flucht. Auf derselben wird sie eingeholt und gefangen genommen. Und jetzt zeigt die Äbtissin ihr wahres Gesicht. Sie läßt Emma in den Kerker werfen und kündigt ihre Tötung an. Den ihre Freiheit fordernden Balduin setzt sie durch ein trickreich herabrasselndes Gitter gefangen. Der ist entsetzt, daß ihm die anderen Kreuzritter aus seiner Zwangslage nicht heraushelfen wollen. Auch nicht Ritter Bruno, der „Schirmherr dieses Klosters", dem er früher einmal das Leben gerettet hat.

Da erscheint plötzlich der moslemische Emir mit einem starken Gefolge bewaffneter Türken. Der von ihnen befreite Balduin informiert ihn darüber, daß jetzt drüben in der erleuchteten Klosterkirche seine Emma lebendig eingemauert werden soll. Der Emir läßt die Kirche stürmen, befreit Emma aus ihrer Einmauerung und legt sie Balduin in den Arm. Als Dank für den seinerzeitigen Einsatz zugunsten des Emirs Tochter Fatime.

Die Äbtissin verflucht Balduin und Emma: „Stürzt über mir zusammen, ihr entweihten Mauern!" Hoffentlich stürzen sie auch gerade über ihr zusammen.

☙☙☙☙☙☙☙

Ungeachtet der äußerlichen Dominanz der Kreuzritter offenbart dieses Schauspiel in seinem Kern eine Tragödie: die der schwäbischen Ritterstochter Adelheid von Nordeck, die als junges Mädchen von ihrem Liebhaber enttäuscht und verlassen sich in eine Nonnenexistenz flüchtete und schließlich zu unbeugsam harten Klosteräbtissin aufstieg. Und nun vertraut sich ihr ein - sich ebenfalls enttäuscht glaubendes - junges Mädchen an, das aus gleicher Verzweiflung die Nonnenexistenz wählt. Und diese pilgernde Emma von Falkenstein, ausgerechnet sie ist die Tochter des Verführers der Adelheid von ehedem und jetzigen Cölestina. Pförtnerin Salome fleht die Äbtissin an, gegenüber der seelisch hilflosen Emma barmherzige Liebe zu üben. Doch das vermag die Ältere in dem Augenblick nicht, als der todgeglaubte Balduin auftaucht, und Emma ihre Zweisamkeit mit ihm wiederfindet. Diese Größe, mit Glücklichen selber glücklich zu sein, bringt Cölestina nicht auf. Neid in Vergesellschaftung mit aus Jugendtagen herrührenden Haß treiben sie zur Anklage des gebrochenen Klostergelübdes. Sie nimmt die Institution, die für den Menschen dasein soll, zum Rettungsankers ihres Rachegefühls, dreht das Verhältnis um und macht aus dem Menschen den, der für diese Gelübdeinstitution dazusein hat. Und so will sie Gottes Gebot der barmherzigen Liebe gegenüber Jedermann eben nicht befolgen, sondern ihm eigene menschliche Sündhaftigkeit unter der irreführenden Flagge von kirchlichen Geboten entgegensetzen. Das Resultat ist glattweg Mord, begangen von der Älteren an der Jüngeren.

In der sechsten Szene des fünften Aktes ziehen in feierlicher Prozession die Nonnen in ihre Klosterkirche ein, um die Gelübdebrecherin lebendigen Leibes einmauern zu lassen. An ihrer Spitze Cölestina und Emma im Sterbekleid, Mörderin und zu Ermordende schwesterlich nebeneinander. Das wirkt schon mehr als nur gespenstisch. Diese eine Szene darf zu einer der eindruckvollsten innerhalb der gesamten dramatischen Weltliteratur glorifiziert werden.

Die Figur des päpstlichen Legaten, des Bischofs Adhemar, ist als unnütz zu streichen. Er jedenfalls fällt der rachsüchtigen Äbtissin nicht in den Arm. Und erst nach Emmas Rettung von außen tauch er plötzlich wie ein Deus ex machina aus der Versenkung auf, um nachträglich jenes unmenschliche Gelübde aufzulösen und die sich Liebenden zusammenzugeben.

In ähnlicher Gefahrenlage hat Emma ein besseres Los gezogen als Priesterin Hero in Grillparzers „Des Meeres und der Liebe Wellen."

Die handelnden Personen sind zumeist hervorragend gezeichnet. Unter klug eingesetzten Spannungsfaktoren wird der Dialog flüssig geführt.

Ein leidiges Minus ist der sich häufende Kulissenwechsel innerhalb der einzelnen Akte, mitbedingt durch den Wechsel Kreuzfahrerlager/Klosteranwesen.

Eine spleenige Idee Kotzebues stellt seine Forderung dar, seine „Kreuzfahrer" mit Musik anzureichern. Zwischen den ersten beiden Akten soll ein Adagio, zwischen II. und III. Akt ein Türkischer Marsch, zwischen III. und IV. Akt nochmals ein Adagio erklingen. Dann jedoch zwischen IV. und V. Akt „ein verzweiflungsvolles Presto, welches dann und wann von Blasinstrumenten unterbrochen würde. Ganz am Ende noch einmal der Türkische Marsch." Und wer, - so Kotzebue - „zu dem Chor der Nonnen die schöne einfache Musik des Herrn Kapellmeisters Reichardt erhalten kann, dem wünsche ich Glück dazu." Zu seiner Entlastung darf der Autor immerhin darauf verweisen, daß sogar Schiller für seinen Wallenstein kurz zuvor musikalische Garnierung gewünscht hatte.

Das während des Ersten Kreuzzuges (1097) spielende Drama wurde 1802 veröffentlicht. Nach der Uraufführung beklagte der Dichter nicht nur die unpassenden Dekorationen, sondern auch die Akustik im neuen Theaterraum, an den sich die darin zu leise sprechenden Schauspieler noch gewöhnen müßten.

In seinem „Vorbericht" teilte Kotzebue mit:

> „Mit den Kreuzfahrern wurde das neue Berliner Schauspielhaus eröffnet. Sie mißfielen zwar nicht, aber sie wurden doch ziemlich kalt aufgenommen. Und die Herren Schlegel und Compagnie ermangel-

> ten nicht, in den wenigen Zeitschriften, die ihren Arroganzen zu Gebote stehen, auszuposaunen, es sei ein schlechtes Stück. - Nun ist es gedruckt, und das unbefangene Publikum möge entscheiden. Möglich, daß es Spuren von Eile an sich trägt, mit welcher es gefertigt werden mußte. Denn ich erhielt erst im September den ehrenvollen Auftrag."

Sicherlich haben dem Autor Historische Dramen ernsteren Inhalts nicht so gelegen. Mit seinen „Kreuzfahrern" hat er jedoch eine Schöpfung zu Tage gefördert, die nach sparsamem dramaturgischen Eingriff auch noch heutige Theaterbesucher zu faszinieren vermag.

2. Menschenhaß und Reue

Auf dem Landsitz des Generals Graf Wintersee leben, ohne sich je begegnet zu sein, in einer abgelegenen Parkhütte ein Unbekannter, der lediglich durch seine Mitmenschen erwiesene Wohltaten auffällt, doch sonst ein misanthropisches Dasein führt. Sein alter Diener Franz zu ihm:

> „Armer Herr! Wie muß Ihnen mitgespielt worden sein, ehe es der Welt gelang, diesen fürchterlichen Menschenhaß, die schauerlichen Zweifel an Tugend und Redlichkeit in ihr Herz zu pflanzen."

Zum Anderen: im Schloß Wintersee selbst fungiert seit drei Jahren eine Madame Müller als Wirtschafterin. In das Schloß hat sie die in der Residenz wohnende Gräfin vermittelt, nachdem sie dieser anvertraut: sie habe nach zweijähriger Ehe ihren Mann und ihre beiden Kinder schuldbewußt verlassen, da sie einmal leichtfertigen Ehebruch getrieben habe. Auch Madame Müller zeichnet sich durch tätige Nächstenliebe aus, kapselt sich jedoch sonst gegen ihre Umwelt ab.

Inzwischen hat der Graf seinen militärischen Abschied genommen und trifft mitsamt Gattin und Schwager Major von der Horst auf seinem Landschloß ein. Alsbald fängt der Major Feuer und wirbt um die Gunst der jungen Madame Müller, von der er nur weiß, daß die vordem verheiratet war. In der 10. Szene des II. Aktes wird gemeldet, anläßlich eines Parkspazierganges sei der Graf infolge eines Brückengeländerdurchbruches ins Wasser gestürzt, aber von dem Unbekannten gerettet worden.

Eine Einladung aufs Schloß lehnt der Unbekannte ab, der allgemein als „sauertöpferischer Grobian" gilt. Unterdessen hat sich der Major so in die Wirtschafterin verliebt, daß er sie heiraten möchte. Auf seine Bitte hin unternimmt es die darob zunächst entsetzte Gräfin, seine Schwester, bei der Madame Müller vorzufühlen. Der muß jetzt wohl oder übel der ihr wohlgesonnenen Gräfin ihr Vorleben bekennen: ihren Ehebruch habe sie als jungverheiratete Eulalia Baronin Mainau begangen, sei danach geflüchtet und wisse nicht, wo sich jetzt ihr Ehemann und die beiden gemeinsamen Kinder aufhielten. Die Gräfin, eine Dame mit Herz, gelobt ihr Verschwiegenheit und entschuldigt sie: „Der Augenblick Ihrer Verirrung war ein Traum, ein Rausch, ein Wahnsinn."

Zu Beginn des IV. Aktes will der Major jetzt unbedingt den etwas geheimnisvollen Unbekannten in seiner Parkhütte aufstöbern. Große Überraschung! Als alten Freund erkennt er den Baron Mainau wieder; beide fallen sich in die Arme. Meinau gesteht ihm, er liebe seine unbekannten Orts verzogene Frau noch immer. Trotzdem: „Ach! Was sind Fesseln und Tod gegen die Untreue eines geliebten Weibes?" Die beiden gemeinsamen Kinder habe er seit drei Jahren in fremde Obhut geben müssen. Der Major seinerseits offenbart ihm, er sei drauf und dran eine bürgerliche zu heiraten. Auf Wunsch will ihm Meinau noch den Freundesdienst erweisen, bei jener Madame Müller als sein Brautwerber aufzutreten. Doch gleich danach wolle er seine beiden

Kinder aus dem Nachbarstädtchen holen und mit ihnen irgendwohin in die Ferne ziehen, am liebsten zu den Insulanern in die Südsee. Seinem Freund zuliebe begibt sich nun Mainau aufs Schloß, um der Heiratskandidatin vorgestellt zu werden. Als in der 10.Szene Eulalia ihn erblickt, stößt sie einen lauten Schrei aus und fällt in Ohnmacht; völlig verwirrt rennt Mainau zur Tür hinaus.

Der Graf und sein Schwager stimmen darin überein: der ehedem Unbekannte und Eulalia müssen sich kennen. Dem Major geht endlich eine Ahnung auf:

> „Ich kann nicht selbst glücklich werden; aber es steht vielleicht in meiner Macht, zwei schöne Seelen wieder zu vereinigen, die das Schicksal in tückischer Laune trennte."

Ihm gegenüber bekennt nun Eulalia:

> „Die Ehre meines Gemahles ist mir heilig. Ich liebe ihn unaussprechlich. Aber ich kann nie wieder seine Gemahlin werden, selbst wenn er großmütig genug wäre, mir verzeihen zu wollen."

Der Major: aber wenn er sie unverändert liebt? Eulalia bestimmt:

> „Er muß sein Herz von einer Schwachheit losreißen, die ihn entehrt"

Nur ein einziges Mal noch möchte sie ihn sehen, „ihm mein Unrecht zu bekennen und dann auf ewig von ihm zu scheiden."

Nachdem sie gegangen, sinniert der Major: „Ein ehebrecherisches Weib ist ein Schandfleck ihres Geschlechtes, und ihr verzeihen, heißt ihre Schande teilen."

In die Parkhütte werden dem Baron Mainau seine Kinder gebracht. Sein Freund, der Major, informiert ihn: „Sie entsagt deiner Verzeihung, weil deine Ehre mit einer solchen Schwachheit nicht vereinbar

sei." Doch „ihre ungeheuchelte Reue hat ihre Schuld längst getilgt."
Und dann kündigt er Mainau ihr Kommen an: „Sie will Abschied von
dir nehmen. - Diesen Trost darfst du ihr nicht versagen."

Meinau in einem Kurzmonolog: „Das Hirngespinst, das wir Ehre
nennen, ist nur in unserem Kopfe, nicht in unserem Herzen." Doch
noch einmal wird er rückfällig.

In der berühmten 9.Szene des Schlußaktes weißt er denn auch die vor
ihn tretende Eulalia darauf hin: „Sie werden selbst einsehen, daß
nachdem was vorgefallen ist, wir uns auf ewig trennen müssen." Eulalia reuevoll, gleichwohl in gedämpften Stolz: „Alles was ich zu hoffen wage: daß Sie meinem Andenken nicht fluchen wollen." Und damit überreicht sie ihm ein schriftliches Bekenntnis ihrer Untreue.
Damit Meinau sich scheiden lassen und eine andere Frau heiraten
kann.

Da erfaßt Mainau innere Bewegung. Er zerreißt das Schriftstück:
„Nie wird ein anderes Weib mir Eulalien ersetzen". Die will nur noch
einmal die beiden gemeinsamen Kinder sehn: „Nur eine mütterliche
Umarmung! Und dann trennen wir uns auf ewig." Der Major holt die
Kinder aus der Hütte, die sich auf beide Elternteile stürzen. Da stürzen sich auch Meinau und Eulalia in die Arme. Er: „Ich verzeihe dir."

❧❧❧❧❧❧❧

Wenn auch zur Karikatur hin etwas verfremdet, erscheint doch keineswegs zeituntypisch die Begrüßung des Majors auf dem Schloß
durch den gräflichen Haushofmeister Bittermann:

> „Ich habe die Ehre, Ew. Hochfreiherrlichen Gnaden
> in meiner geringen Person den Herrn Haushofmeister Bittermann vorzustellen, welcher die Stunde
> selig preist, da ihm das Glück zuteil geworden, den
> hochfreiherrlichen Herrn Schwager Seiner Hoch-

gräflichen Excellenz von Angesicht zu Angesicht kennenzulernen."

Eine solche, heutzutage lacherregende Förmlichkeit muß gleichwohl als symptomatisch gelten für die immer noch vom Adel geprägte Zeit am Ausgang des 18.Jahrhunderts, die erst zu Kotzebues Zeit allmählich von der bürgerlichen Epoche abgelöst wurde, in der sich dann freiere Formen, Denkweisen und Anschauungen durchsetzten.

Doch die aristokratischen Tugendbegriffe, die auf das Bürgertum abstahlten, dominieren noch. Der Ehebruch einer Frau wurde weithin noch als etwas schlechthin Unmögliches gewertet; noch unerhörter, wenn denselben der Ehemann verzieh. Um die 18./19. Jahrhundertwende, als die Aufklärung bereits breite Gesellschaftskreise erfaßt hatte, hielt freilich auch im Sittenbereich die Toleranz ihren wenn auch verhaltenen und stark gebremsten Einzug. Fast seismographisch begriff Kotzebue, daß er dann, wenn er den Fehltritt der verheirateten Frau auf die Bühnenbretter brachte, mit einem geteilten Echo der Zuschauer zu rechnen hatte. Doch solcher Streit mußte auch außerhalb des Theaters um sich greifen und mittelbar den Autorenruhm in dem Grade erhöhen, in welchem das Thema gesellschaftliche Sprengwirkung zeitigte.

Zur Ausbalancierung ihrer Schuld steckte nun Kotzebue in die Figur der Eulalia alles hinein, was sie kritischen Zuschauern bekömmlicher erscheinen lassen konnte: eine „Schöne Seele", die sich ständig in Rat und Tat helfend für ihre Mitmenschen einsetzt, einen tugendhaften Tageslauf vorweisen kann und vor allem von tiefer Reue erfaßt wird. Gerechterweise muß ihr - was bei der Beurteilung regelmäßig übersehen wird - zugute gehalten werden, daß sie im Zeitpunkt ihrer Verheiratung mit Baron Mainau erst vierzehn Jahre alt war.

Nun war die Behandlung des Ehebruchs einer verheirateten Frau schon in der bisherigen Literatur nicht ganz unbekannt und er sollte dieselbe im kommenden 19.Jahrhundert in bisher ungeahntem Maße würzen, bis hin zu Flauberts „Madame Bovary" und Fontanes „Effi Briest". Verhältnismäßig neu jedoch eben das Verzeihen des betrogenen Ehemannes! Daran entzündete sich nun auch hier die Kritik verdrossener Theaterzuschauerseelen. Daß solches Rumoren noch zusätzlich „Menschenhaß und Reue" ins Tagesgespräch bringen mußte, hatte der Autor ebenfalls wohl einkalkuliert. Denn er war ja der geborene Theaterpraktiker schon zu solch verhältnismäßig frühen Zeitpunkt, wußte also genau, wie er am erfolgversprechendsten zu unterhalten und seine Rührseligkeitseffekte zu verstreuen hatte.

Nach Abschluß der Niederschrift des Schauspieles am 4.11.1788 fand dessen Uraufführung am 23.11.1788 auf Kotzebues Revaler Liebhaberbühne statt. Doch der Richter wollte es natürlich auch professionell aufgeführt sehen. So schickte er denn das Manuskript unter dem 24.2.1789 an den Berliner Theaterchef Engel mit der Bitte um Assistenz, „mich aus der alltäglichen Klasse der Schauspieldichter emporzuarbeiten. Und was könnte mir mehr zur Aufmunterung gereichen als Ihr Beifall, verehrenswerter Mann, und der Beifall eines so aufgeklärten Publikums als das Ihre." Am 3.6.1789 ging auf dem Berliner Hoftheater „Menschenhaß und Reue" erstmals in Szene. Mit Ferdinand Fleck als Baron Mainau und Friederike Unzelmann als Eulalia. Ein unwahrscheinlich großer Erfolg dieses Stückes provozierte entsprechend viele Wiederholungen und schwemmte enorme Eintrittsgeldmengen in die Theaterkasse.

Sofort wurde es auf anderen Bühnen nachgespielt. Noch im gleichen Jahr 1789 in Hamburg, Hannover Mannheim, Mainz, Leipzig, Breslau, Wien, Weimar, 1790 in München, danach in den Weltstädten Paris, London, New York, 1800 in Madrid, nachdem es in viele Sprachen übersetzt worden war. Allein in Berlin bis zum späten Jahre 1843 insgesamt 87 Wiederholungen, dort, wo „auch die Prinzen und Prinzessinnen der königlichen Familie mich mit einer Art von Enthusiasmus aufnahmen."

Die zunächst im allgemeinen wohlwollende Pressekritik teilte sich nach und nach in lobende und tadelnde Beurteiler. Angekreidet wurde dem Autor - wie zu erwarten - vor allem der finale Verzeihungsakt Meinaus. 1790 in einem der damals wichtigsten Zeitungsorgane:

> „Dem größten Tadel ist die Katastrophe des Stückes unterworfen, die gegen Wahrheit und Moralität gleich stark sündigt."

1791 ein weiterer Rezensent:

> „Der große und ungebildeter Haufen entscheidet über den Wert der Schauspiele. Und der Dichter, welcher das Publikum zu sich emporziehen sollte, läßt sich zu ihm herab, weil es klatscht und bezahlt."

In anderen Organen wurde das Stück als abgeschmackt, trivial, frivol oder voller Unmoral abqualifiziert. A.W. Schlegel, Experte für gezielte Häme, fand gar heraus: „Aber der Kinder Gequäk flickt die gebrochene Ehe." Daniel Falk in Weimar glaubte feststellen zu müssen, daß ausgerechnet die Damen die dankbarste Theaterzuschauerfraktion bildeten, da Kotzebue in „Menschenhaß und Reue" „gleichsam ihrem ganzen Geschlechte eine Generalabsolution erteilte." In der Damenwelt werde es jetzt sogar Mode, Eulaliahauben zu tragen wie vor einem Menschenalter Goethes blauen Wertherfrack bei den Männern.

Das öffentliche Ärgernis über Eulalias Ehebruch weitete sich schließlich so aus, daß Kotzebue geschwind dazu ein Fortsetzungsdrama „Die edle Lüge" schrieb, in welchem Baron Meinau, um seine Frau von ihrem Reuekomplex zu kurieren, ihr seine eigene Schwängerung des Dienstmädchens beichtete. Doch Eulalia erfährt bald deren Wahrheitswidrigkeit und verfällt nun in abgemilderte Teilresignation: „Ich kann und darf nie ganz glücklich werden. - Ich habe nur einen Feind und den trage ich in mir." Dennoch: „Ich bin so glücklich, als ich werden konnte."

Das nun rief den Wiener Theatermenschen F.J. Wilhelm Ziegler auf den Plan, der in seinem Trauerspiel „Eulalia Meinau oder die Folgen der Wiedervereinigung" ein Duell zwischen Meinau und Eulalias Verführer konstruiert. Der Verführer fällt, und Mainau wandert nach Amerika aus. Andere Fortsetzungsdramen folgten. 1801 verfaßte der Reichsgraf F.H. Julius von Soden sogar den noch im gleichen Jahr in Wien aufgeführten Fünfakter: „Versöhnung und Ruhe oder Menschenhaß und Reue Zweiter Teil": der Verführer versetzt zwar Eulalia mittels Schlaftrunkes in den Zustand der Willenlosigkeit und entführt sie auch, läßt sie aber sexuell unbehelligt. Ob diese Lösung aufgebrachte Adelsdamen der Kaiserstadt beruhigt hat, läßt sich ins Nachhinein nicht mehr feststellen.

Kurz vor seinem Tod hat dann Kotzebue noch einmal selbst eine Zweitfassung seines konkurrenzlosen Erfolgsstückes verfaßt, die fast unbeachtet und ohne Widerhall blieb.

Heute ist der Ehebruch der verheirateten Frau kein Thema mehr, auch für das Theater nicht mehr. Die Mehrzahl der Frauen ist berufstätig und würde schon von daher, falls gewünscht, jederzeit partnerschaftlichen Kontakt finden. Laufenden Statistiken zufolge geht heute jede Zweite fremd. Solcher nach zwei Jahrhunderten eingetretener Wandel in den gesellschaftlichen Anschauungen sollte jedoch nicht vergessen lassen, daß Kotzebues Drama in seiner analytischen Technik und seinem spannungsvollen Wechsel von Rühr- und Lachszenen auch heute noch bis zu einem bestimmten Grade frappieren kann. Es wird zwar nicht mehr die Theatergäste auseinanderdividieren, sie aber gleichwohl glänzend unterhalten.

3. Die beiden Klingsberg

Graf Klingsberg Vater und Graf Klingsberg Sohn kommen sich ständig wechselseitig ins erotische Gehege. Der Sohn hat zwar die Jugend für sich, doch ist er vom Geld des reichen Alten abhängig. Beide sind hinter Ernestine, der Zofe der Gräfin Woellwarth her, einer Schwester des Alten. Der Junge kommt soeben von einem Besuch bei der käuflichen italienischen Tänzerin Comachini, die ihm bedeutet habe, sie werde von einem bejahrten Adelsmann unterhalten. Das ärgert den Alten so, daß er nun seinerseits des Jungen Angebetete aufsuchen werde, die bei einem Seifensieder in der Wiener Winkelgasse am Markt wohnt.

Der Alte hat es auf eine Madame Amalie Friedberg abgesehen, der er, um sie unauffällig besuchen zu können, eine Bleibe bei der Zimmervermieterin Wunschel angemietet hat. Dort findet er jedoch zu seinem Ärger auch schon seinen Sohn vor, den er vor der Friedberg als „Taugenichts" heruntergeputzt. Der Sohn entfernt sich, als die Besuchte vom Alten auch noch hören muß: „Er ist der treuloseste Wildfang in der ganzen Stadt." Als nun aber Graf Klingsberg Senior seinerseits lüsterne Anzüglichkeit erkennen läßt, expediert ihn die ehrbewußte Amalie Friedberg aus ihrer Stube: so ein „niederträchtiger Antrag! - Sind Sie ein Verführer mit grauen Haaren, so verachte ich Sie. - Schande wollen Sie mir geben für Armut. - Kommen Sie mir nie wieder vor die Augen!"

Inzwischen steigt der Junge die Treppe hoch zu der von ihm heiß umworbenen Putzmacherin Henriette, die sich mit ihrer Hände Arbeit notdürftig ernähren muß. Aus Mitleid kauft er ihr einige Handarbeiten ab. Zusätzliche Dukaten lehnt sie jedoch strikt ab, und deren hinzukommender Bruder nennt deshalb den jungen Grafen Klingsberg einen Schurken. Der fordert ihn wegen solcher Beleidigung zum Duell.

Während des Duells in einer abgelegenen Gegend bietet der Bruder seinem Gegner plötzlich seine nackte Brust dar: „Ich bin den Meinigen zur Last und habe keinen Bissen Brot mehr. Wir verloren unser ganzes Vermögen." Falls er jetzt falle, solle Klingsberg dafür sorgen, Schwester und außerdem seine ebenfalls verarmte Ehefrau zu schwäbischen Verwandten zu bringen: „Halten Sie Wort, so segne ich Sie sterbend." Der junge Klingsberg bricht daraufhin sofort das Duell ab und weiß jetzt, daß der total Verzweifelte ein Freiherr von Stein ist und dessen Schwester jene von ihm verehrte Putzmacherin, in Wahrheit eine Baronesse.

Seine verarmte Ehefrau ist Madame Amalie Friedberg, die sich jetzt in ihrer Not der alten Grafenschwester als „Baronin von Stein, geborene Komtesse Wildberg" offenbart. - Der Alte kehrt nach Hause zurück, belästigt sogleich seiner Schwester Zofe Ernestine, wird jedoch von dem Jungen aufgescheucht. Aus Wut über diese Störung verweigert er seine Zustimmung zu dessen beabsichtigter Hochzeit mit der enttarnten Baronesse von Stein.

Bei Mondenschein flirtet der Alte mit einer verschleierten Frauengestalt auf der Wiener Bastei. Dabei kommt ihm der Junge erneut in die Quere. Am Ende schlägt die Gestalt ihren Schleier zurück: es ist des Altgrafen Schwester. Der prallt zurück: „Alle Teufel!"

Am nächsten Morgen besucht der Alte die Putzmacherin Henriette. Doch da erscheint deren Bruder; Leutnant von Stein hat überraschend eine Anstellung gefunden. Auch der Junge findet sich ein und lobt ironisch seinen Vater, daß er sich persönlich vom hohen Wert seiner Braut überzeugen wolle. In solch fataler Situation - „Verdammt! Da sitz ich ganz schön in der Klemme!" - bleibt es dem Alten nicht erspart, seinem Sohn die erbetene Heiratserlaubnis zu erteilen.

Arrangiert durch die Altgräfin erscheinen als bewährtes Ehepaar Leutnant von Stein mit der vormaligen Madame Amalie Friedberg und als künftiges Ehepaar der junge Graf Klingsberg mit Henriette Baronesse Stein. In einer großmütigen Anwandlung läßt der alte Graf Klingsberg beide Paare zukünftig in seinem Schloß wohnen und muß sich persönlich mit der Gesellschaft seiner Schwester begnügen.

❧❧❧❧❧❧

Zu häufiger Kulissenwechsel! Doch sonst ist die Handlung vorzüglich aus sich heraus entwickelt. Munter und voller Esprit fließt der Dialog dahin. Die agierenden Personen sind auch in den Nebenrollen gut erfaßt und scharf gezeichnet. Rührung erzeugt das Schicksal der in verzweiflungsvolle Armut gestoßene Baron, Baronin und Baronesse Stein. Imponierend die beiden arbeitsamen jungen Frauen, die unter bürgerlicher Adresse ihre „bürgerlichen" Tugenden zu wahren wissen. Dazu paßt des Ehemannes und Bruders bescheiden-stolzes Wort: „Ich besitze doch noch etwas, was mir nicht feil ist: meine Ehre."

Bei den Titelrollen fällt es schwer, die schnelle Wandlung des jungen Klingsberg vom wahllos draufgängerischen Schürzenjäger zum einfühlsamen, Monogamie ansteuernden Bräutigam nachzuvollziehen. Glaubwürdiger da noch der alte Klingsberg, dem sein Pächter Krautmann attestiert: „Es gibt Leute, die sich die Jugend in ihrem Leben nicht abgewöhnen können." Doch das ficht den Dreiundsechzigjährigen nicht an, der immerzu wie ein ständig sexaufgedrehter Gockel auf unterschiedslosen Beutefang geht. Dem man nicht ohne Schadenfreude wünscht, daß er wenigstens am Ende leer ausgeht.

Es sei dahingestellt, ob und inwieweit Kotzebue für sein Lustspiel Anregendes in einer französischen Komödie des George Farquhar oder in F.L. Schröders Bühnenstück „Ring" entdeckt hat, und ob die damals vielbelachte erotische Kollision des späteren Staatskanzlers Metternich mit seinem lüsternen Vater bei einer Kolonialwarenhändlerin am Wiener Kohlmarkt ihn zusätzlich animiert haben könnte.

Ein Wiener Theaterstück sind „Die beiden Klingsberg" auf jeden Fall. Seit Oktober 1797 als Hoftheaterdirektor angestellt, schrieb Kotzebue an dem Lustspiel in der Donaustadt seit Mitte 1798 und brachte es schließlich daselbst am 7.3.1799 zur Uraufführung. Noch über ein Halbjahrhundert nach seinem Tod soll es im Burgtheater mit insgesamt 141 Vorstellungen auf dem Spielplan gestanden haben. Andauernder Erfolg war dieser besonders unterhaltsamen Schöpfung auch auf der Berliner kgl. Bühne und in Goethes Weimarer Hoftheater beschieden.

4. Die deutschen Kleinstädter

Sabine, Tochter des Bürgermeisters Nicolaus Staar, hat sich ein Jahr lang in der Residenz aufgehalten, dort den Hofbeamten Karl Olmers kennen und lieben gelernt und wartet nun seit Tagen in ihrer Heimatkleinstadt Krähwinkel auf einen Brief von ihm. Wenn der nicht endlich eintreffe, „so werde ich böse und heirate den Sperling." Zum letzteren raten ihr dringend ihre Großmutter, Frau Untersteuereinnehmerin Staar, weil der Bau-, Berg- und Wegeinspektors-Substitut Sperling „einen feinen Titel" besitze, außerdem Onkel Staar, der Gewürzkrämer und zugleich Vizekirchenvorsteher, weil Sperling im Nebenberuf einen bedeutenden Dichter darstelle, während der eigene Vater zu der Sperling-Heirat seine Sabine ganz einfach hinkommandieren will.

Der Wagenunfall eines gewissen Herrn Olmers, eines Boten des Ministers aus der Residenz, wird gemeldet. Oma erregt sich über die Unfallursache: „Warum läßt der Krähwinkler Stadtrat nicht Wege und Gassen instand setzen? Staar verteidigt sich: „Was soll den aus unseren Schieden und Sattlern werden, die vom Umwerfen leben müssen?" Und er bereitet ein Nachtlager in seinem Hause für den offenbar wichtigen Besucher vor. Oma und ihre Muhmen, Frau Oberfloß- und Fischmeisterin Brendel sowie Frau Stadtaccisecassaschreiberin Morgenroth sollen in der Küche für ein Galaessen sorgen, da morgen ohnehin die Feier der Verlobung Sabines mit Sperling gefeiert werden soll. Zu der selbstverständlich auch der feine Herr aus der Stadt einzuladen ist; der sich vielleicht in seiner Residenzdienststelle dafür verwenden könne, daß der subalterne Sperling zum Runkelrübenkommissionsassessor befördert wird.

Oma Staar hat ihrer Enkelin Sabine ein Bild Olmers aus deren Tasche entwendet und hält es für eine Abbildung des Königs. Der also werde bald Gast in des Bürgermeisters Hause sein! Erschrocken läßt Staar daraufhin Bürgerehrenwache und Schützenkompanie aufmarschieren und alle Glocken in der Kleinstadt läuten. Der jetzt endlich auftretende Olmers gibt sich erstaunt, daß vor ihm die erschienenen Weiber auch noch tiefe Knickse vollführen. Wohl stellt er sich als Karl Olmers vor. Doch die Krähwinkler sind gleichwohl fest davon überzeugt, „Seine Majestät wollen nun einmal durchaus incognito bleiben." Auf seine Sabine trifft er just in dem Augenblick, in dem ihr Sperling kniefällig seine heiße Liebe erklärt.

Nach der Festtafel erregen sich Oma Staar und ihre beiden Muhmen darüber, daß Olmers nur über legere Tischmanieren verfüge und die Dinge überhaupt sehr locker handhabe. Sperling rügt, der Gast habe bei Tisch Schillers Freudenode singen wollen; das beweise, er verfüge über keinen seriösen Zugang zur bedeutenden Literatur.

Geradezu bittet Olmers nun den Bürgermeister um die Hand seiner Tochter Sabine. Staar weicht ihm aus; für diese Zustimmung sei nicht er, sondern der von Oma präsidierte Familienrat zuständig. Als der jedoch Olmers als Brautwerber glattweg ablehnt, gibt Staar dem Gremium immerhin zu bedenken, daß Olmers ein Favorit seines einflußreichen und gerade für Krähwinkel bedeutsamen Ministers sein könne. Sabine bittet Sperling um Auskunft, wie man sich am elegantesten eines Nebenbuhlers entledige; der faßt die Fangfrage natürlich falsch auf.

Nachts bei Mondenschein treffen sich Olmers und Sabine auf der Straße vor des Bürgermeisters Haus. Für ihren Freund sieht Sabine große Werbungshemmnisse voraus, weil er über keinen Titel verfüge; denn hier in Krähwinkel werde „nicht gefragt: Hat er Kenntnisse? Verdienste? Sondern, wie tituliert man ihn?" Sperling, der auf der anderen Gassenseite zum Fenster hinaus Sabine ein Ständchen darbringen will, erregt sich darüber, daß der Nachtwächter in sein Horn stößt, kraftvoll „Hört ihr Herrn und laßt euch sagen" singt, und obendrein auch noch Oma Staar gegenüber einen Kirchenchoral intoniert. Mit seiner Blendlaterne in der Hand holt Ratsdiener Klaus den Bürgermeister aus dem Bett, weil eine Delinquentin aus dem Stadtgefängnis geflohen sei. Den darob in Angstpsychose fallenden Staar beruhigt Olmers, er werde ein Verfahren wegen solchen Amtversagens in der Residenz niederschlagen lassen, vorausgesetzt, Staar gebe ihm Sabine zur Frau. Oma protestiert: Olmers besitze keinen Titel. Daraufhin eröffnet Olmers den inzwischen auf der nächtlichen Gasse neugierig sich in Nachtsachen versammelnden, er sei Geheimer Kommissionsrat. Jetzt gibt ihm sogar Oma nach: „Das verändert allerdings die Sache. Etwas Geheimes haben wir in unserer Familie noch nicht gehabt." Rivale Sperling muß deshalb zurückstecken, darf jedoch ein Hochzeitsgedicht verfassen.

ৰ৵ৰ৵ৰ৵ৰ৵ৰ৵ৰ৵

Ausnahmsweise vertauscht diesmal Kotzebue das Verhältnis Stadt/Land. Repräsentiert durch Olmers sitzen jetzt in der Stadt die Vernünftigen, die in souveräner Lebensart die anstehenden Probleme aller Art meistern. An geistiger Beschränktheit hingegen leidet die ländliche Kleinstadt. Diesmal vertreten durch die Krähwinkler, die jene spießbürgerliche Demenz wie in einem Focus auffangen.

Rein äußerlich zeigt sich das schon in der devoten Ehrfurcht vor Titulaturen, die unendlich mehr als Wissen, Können, Kenntnisse, Leistungen der jeweiligen Zeitgenossen bedeuten. Als Frau Untersteuereinnehmerin eröffnet Großmutter Staar den Reigen. Ihr gesellen sich zu Frau Oberfloß- und Fischmeisterin Brendel, Frau Stadtaccisecassaschreiberin Morgenroth, Herr Vizekirchenvorsteher Staar, Herr Supernumerarius-Rentkammerschreiber Wittmann, Herr Generalpostgüterbeschauer Holbein, Herr Kreis-, Trank-, Shock- und Quatembersteuereinnehmer Runkel sowie Herr Floßstrafbefehlshaber Weidenbaum. Inmitten solcher Gesellschaft siegt Olmers nur, weil er sich vor dem Familienrat als Geheimer Kommissionsrat ausweisen kann. Freilich muß festgehalten werden, daß noch zu Beginn des 20.Jahrhunderts vor Ausbruch des ersten Weltkrieges Anreden wie „Herr Magistratskoporationsaspirant" oder „Frau Obersteuereinnehmerswitwe" üblich waren.

Als ein Beispiel (I/13) für das Krähwinkler Gesprächsniveau die Szene, als die Morgenroth bei Oma Staar hereinplatzt:

> „Gehorsame Dienerin, meine teuerste Frau Muhme! Sehen Sie nur, wie ich schoffiert bin. Ich komme doch nicht zu spät? Mit Erlaubnis zu reden, ich war fast noch im Hemde, singe mein Morgenlied und kämme den Mops. Beim dritten Vers stürzt ihre Magd herein, jedu mein Gott! Ich denke das Haus brennt. Da bin ich aufgesprungen, der Mops ist mir vom Schoß gefallen, das Gesangbuch in die Kohlpfanne, wo ich meinen Kaffee wärmte, der Kaffee ist in die Kohlen geflossen, und von dem Liede „Wach auf mein Herz, und singe" sind zwei Verse verbrannt."

Ansätze zum Schildbürgerhaften zeigen sich - ebenfalls beispielsweise - anläßlich der Krähwinkler Ahndung einer lächerlichen Straftat: eine gewisse Frau Schnurrwinkel hatte eine Kuh gestohlen und saß danach neun Jahre im Gefängnis „wohlverwahrt" ein, weil die Bürgermeister von Krähwinkel und von dem benachbarten Rummelsburg sich nicht über die örtliche Zuständigkeit für die Aburteilung einigen konnten. Jetzt sollte sie endlich an den Pranger gestellt werden. Doch Eva bekommt in der Zelle aus der Stadtbibliothek das Buch „Trenks Leben und Flucht aus dem Gefängnis" zu lesen, lernt aus der Lektüre praktisch und flüchtet aus der Haftanstalt. Eine Blamage für die Kleinstadt im allgemeinen und für Bürgermeister Staar im besonderen! Die Angst vor Aufdeckung des Skandals verhilft Olmers, der den Vorgang in der Residenz zu bereinigen verspricht, zusätzlich zu seiner Sabine.

Manchmal offenbart ein kurzer Dialogzweizeiler mehr vom geistigen Horizont der Krähwinkler als längere Textpassagen. Die Brendel (in II/3) zu Oma Staar über Olmers: „Ein hübscher Mann ist er." Oma: „Ja, aber garnicht ein bißchen steif."

Für eine romantische Gefühlskomponente sorgt im III. Akt die nächtliche, vom Mondenschein erhellte Szenerie, als Sperling beckmesserartig sein Liebesständchen auf Sabine zum Fenster hinaus zum Besten gibt, die sich Liebenden vor dem Nachtwächter verstekken, der in sein Horn stößt. Eine Konstellation, die viel später im II. Akt von Richard Wagners „Meistersingern" wiederkehrt.

Neben den zügigen, espritgeladenen Dialogen ist Kotzebue die Personencharakteristik glänzend gelungen. Sabine und ihr Olmers heben sich als einzige „normale" Figuren ab gegen jene philiströse, obendrein noch cliquenmäßig gegeneinander verrammelte Krähwinkler Gesellschaft, die in ihrem selbstgefälligen Klatsch und Tratsch, in ihrer stupiden Pedanterie, Aufgeblasenheit, von Vorurteilen genährten

Dünkelhaftigkeit und zugleich mit Kriecherei und Katzbuckelei vor denen aus der Residenz fortgesetzt ihre närrische Borniertheit demonstriert. Die Titulierungssucht macht deren Kirchturmshorizont zusätzlich evident, allein sie schon ein Lachschlager für sich.

Das größte Lob ist Kotzebue darin zu spenden, daß er in den „Kleinstädtern" auf Rührseligkeitseffekte konsequent verzichtet hat. Und wo sich Rührung einstellen will, wird sie sogleich von der Komik erschlagen.

Eine wesentliche Anregung zu seinen „Kleinstädtern" gewann Kotzebue in der französischen Komödie „La petite ville" von Louis Benoît Picard, die am 9.1.1801 im Pariser Odeonstheater uraufgeführt worden war, und die Kotzebue als „Die französischen Kleinstädter" übersetzte. In solch ähnlichem Ambiente prägen sich bei ihm freilich ganz neue Handlungselemente, Szenenzusammenhänge und anders ausgerichtete Rollenträger. Die aufgefächerte Dümmlichkeit der Krähwinkler hebt sich deutlich gegenüber den internen Streitereien der französischen intriganten Provinzstadtegoisten ab, die obendrein einer zielstrebigen Handlungsführung fast entbehren.

Kotzebues Verbundenheit mit Wien wirkt nach. Dort findet am 22.3.1802 die Uraufführung statt. Im Burgtheater werden „Die deutschen Kleinstädter" bis zum Jahre 1855 nicht weniger als 130mal gegeben. Bis zum gleichen Jahr bringt das Berliner Theater seit der Erstaufführung vom 28.4.1802 ebenfalls 129 Wiederholungen. Danach wanderten die „Kleinstädter" über fast alle bedeutenden deutschen Bühnen, alsbald auch ins Ausland. Allein in Frankreich erlebte das Stück in der Folgezeit im Druck zwanzig Auflagen.

Ärger gab es nur mit Hoftheaterdirektor Goethe in Weimar. Im „Vorbericht" zum neunten Band seiner „Neuen Schauspiele" hatte Kotzebue verlauten lassen: „Ich glaube ein gutes Lustspiel gemacht zu haben, so gern es auch Herr A.W. Schlegel zur Plattheit herabwürdigen möchte, und fordere ihn auf, es mir mit bleiernem Witze nachzutun." Doch bei seiner Textprüfung trifft Goethe auf Stellen, die satirischen Attacken auf Schriften von Schlegel und dem Literaten Vulpius gleichzukommen schienen. Die damals vielgelesene Zeitung „Der Freimütige", in der schon zuvor 1802 Schlegel und Kotzebue ihre persiflierenden Klingen gekreuzt hatten, verlautbart in seiner Ausgabe vom 20.3.1803: „Kurz vor der Aufführung in Weimar verlangte Goethe von Kotzebue weitere Streichungen des Textes, den Kotzebue schon gekürzt hatte. Aufführungsproben waren schon gehalten worden. - Man einigte sich: Goethe sollte Kotzebue die Änderungen vorlegen. Diese aber betrafen so geringe Stellen, daß Kotzebue sein Manuskript zurückzog; Goethes Änderungen waren keine Verbesserungen." Mit der Begründung, er werde namentlich in Bezug auf die Gebrüder Schlegel „nichts auf seiner Bühne aussprechen lassen, was irgendeine Partei bezeichne oder überhaupt Beziehung auf neuere Literatur habe", schickt Ende Februar 1802 Goethe das Manuskript an Kotzebue zurück. Als aber in Folge der Anfang 1803 realisierten Drucklegung der „Kleinstädter" nach der damaligen Gesetzeslage das Autorenrecht am Werk erlischt, der Autor sich also nicht mehr gegen fremde Textbearbeitung wehren kann, läßt Goethe das Lustspiel am 7.11.1803 auf seiner Weimarer Bühne aufführen.

Ebenfalls so erfolglos wie „Die edle Lüge" als Annex zu „Menschenhaß und Reue" schrieb Kotzebue zu den „Deutschen Kleinstädtern" ein Anschlußdrama „Carolus Magnus" nieder. Anläßlich der Kindtaufe von Sabines und Olmers` erstem Sprößling läßt der inzwischen zum kgl. Rat beförderte Bürgermeister Staar von einer Wandertheatertruppe ein historisches Drama über Karl den Großen aufführen. Während der Aufführung erkennt der Ratsdiener als Primadonna die Kuhdiebin Eva Schnurrwinkel wieder. Die das aber rechtzeitig mitkriegt und diesmal gleich mit der Theaterkasse durchbrennt. Deshalb muß es der unglückliche Stückverfasser Sperling hinnehmen, daß die Vorstellung abgebrochen werden muß.

Erst recht unbeachtet blieb Kotzebues zweiter Fortsetzungsversuch „Des Esels Schatten" (1809).

Nach einem Libretto „Die deutschen Kleinstädter" von Hans Georg Fellmann schrieb Kuno Stierlin die dazugehörige Musik. Doch diese im Jahre 1927 an den städtischen Bühnen Essen uraufgeführte Veroperung von Kotzbues Werk hielt sich ebenfalls nicht auf den Spielplänen.

5. Der Rehbock

Grauschimmel, seit drei Tagen mit Grete geborener Fliederbusch verheiratet, hat in seiner Eigenschaft als Pächter des Grafen Eduard von Elbersfeld in dessen Tiergarten versehentlich einen Rehbock erschossen. Deshalb entläßt ihn der darob erboste Graf aus dem Dienstverhältnis. Darüber verzweifeln die Pächterleute. Grete will aufs Schloß und dort den Grafen bitten, die Kündigung zurückzunehmen, wohl wissend, daß der Schloßherr ein gefährlicher Schürzenjäger ist. Da treten in Männerkleidung zwei junge Frauen auf: die Baronin Freyling, seit kurzem verwitwet, die seit ihrer Kindheit ihren Bruder, den Grafen, nicht mehr gesehen hat, und ihr Kammermädchen Nanette. Die Baronin, die dem Pächterehepaar helfen will, erbietet sich, als Bäuerin verkleidet an Gretes Stelle und in Grauschimmels Begleitung auf dem Schloß den Grafen umzustimmen. Was dem eifersüchtig werdenden Pächter insofern nicht behagt, als er seine Frau mit dem jungen Mann - Nanette zurücklassen muß.

Auf dem Schloß läßt sich in ihrem Vorgemach die Gräfin Emilia vom Stallmeister ihres Gatten die Cour machen. Sie ahnt freilich nicht, daß es sich bei dem Stallmeister um dem seit Kindesbeinen von ihr getrennten eigenen Bruder, den Baron Wolkenstein handelt. Jetzt treten Grauschimmel und als dessen Ehefrau Grete die Baronin Freyling auf. Sofort werden die beiden adeligen Herren munter. Die Baronin spontan: „Welch ein allerliebstes Mädchen!" Der Graf: „Nur näher! Ein so schönes Kind hat überall freie Entrée!" Im weiteren Verlauf verknallt sich der Baron/Stallmeister Hals über Kopf in die attraktive „Pächterfrau", während der ältliche Grauschimmel in einem Lehnsessel einschläft. Der Graf ruft den Baron ab und nähert sich nun selbst der Baronin, um sie zu küssen. Die rüttelt den Schnarchenden auf: „Heh, Alter!" Graf: „Gretchen, was tust du?" Baronin: „Alter, wach auf!" Grauschimmel schlaftrunken: „Na, was gibt's denn?" Baronin: „Der Herr Graf will mich küssen." Grauschimmel: „Meine Frau? Ach ja, so - wohl bekomme es dem gnädigen Herrn!" und schläft wieder ein. Kurz danach die Baronin: „Herr Graf, ich schreie." Graf: „Wenn du kannst." Er will die Baronin mit Gewalt küssen. Sie sträubt sich, weicht zurück und fällt dabei Grauschimmel auf den Schoß, der davon erneut erwacht. Der hinzukommende Baron interveniert: „Herr Graf das muß ich mir verbitten." Denn er habe auf die hübsche Frau ernstere Absichten. Vom Lärm gestört, erscheint nun auch die Gräfin im Schlafrock mit Nachtlampe und zieht sich mit der Baronin Grete auf ihr Zimmer zurück. Jetzt unterbreitet der Baron dem Pächter Grauschimmel folgenden Vertragsvorschlag: der soll ihm im Scheidungswege seine Frau Grete abtreten; dafür darf er trotz dem erschossenen Rehbock seine Pacht behalten und erhalte noch 1000 Taler obendrein. Als sich Grauschimmel gegen den Handel sträubt, erhöht der Baron die Abtretungssumme auf 5000 Taler. Noch suchen den Pächter Bedenken heim. „Wir sind erst drei Tage verheiratet. Wäre es da nicht besser, wir warteten noch ein Jahr oder zwei, bis wir einander überdrüssig geworden?" Doch dann will trotz der Nacht Grauschimmel nach Hause und wegen der hohen Kaufsumme mit Gretel reden: „Wenn sie mich nur nicht um Gottes Willen bittet, daß ich sie behalten soll."

Da Grauschimmel bei sich zu Hause seine Grete mit der verkleideten Nanette im Bett vorfindet, führt er sie am nächsten Morgen gefesselt im Schloß vor. Als sie die schamhaft vor ihr Gesicht gehaltene Schürze herunterläßt, fährt der hinzugetretene Baron auf: „Alle Teufel! Was ist das?" Der Pächter zu ihm: die gestern Ausgehandelte sei in Wirklichkeit ein Mann. Damit attackiert der Baron nun wieder die Baronin: sie hätte die Nacht mit der Herrin des Hauses im gleichen Raum geschlafen und damit als Mann „die Ehre der Gräfin befleckt." Und ihn außerdem dem Grauschimmel für 5000 Taler abgekauft.

Das sich daran anschließende Durcheinander lichtet die falsche Grete dadurch, daß sie sich als des Grafen Schwester, als Baronin Freyling zu erkennen gibt. Doch wolle sie dann ihn, einen bürgerlichen Stallmeister? Erst als sie der Graf - „Hah, schönes Gretchen!" - stürmisch umarmt und dabei seine eigene Schwester küßt, und die Gräfin sich von ihrem Entsetzen erholt hat, daß ihr Gatte mit einer „Bauerndirne" handfest geworden ist, und die Baronin nun auch ihren doppelten Kleidertausch bekennt, gibt sich endlich der Herr Stallmeister als Bruder der Gräfin zu erkennen. Und einen Baron Wolkenstein, den dürfte als Ehepartner eine Baronin Freyling nun wohl doch akzeptieren!? Nur Grauschimmel vermag es nicht zu verwinden, daß seine echte Grete mit einem anderen und noch dazu jungen Mann geschlafen hat. Doch diesen Beischläfer identifiziert die Baronin nun endlich als ihre Zofe Nanette. Und dem unentwegt um Gnade winselnden Pächter eröffnet sein Dienstherr, der Graf: wie ihm soeben gemeldet worden sei, habe Grauschimmel garnicht einen gräflichen Rehbock, sondern in der Dämmerung seinen eigenen Esel erschossen. Grete erleichtert zu ihrem Angetrauten: „Siehst du nun, du Esel?"

꙳꙳꙳꙳꙳꙳

Im „Rehbock" legt Kotzebue ein tolles Tempo vor. Angesichts der Verkleidungen, Verwechslungen, Fremd- und Selbsttäuschungen, Verwicklungen bleibt es bewundernswert, wie souverän dennoch der Dichter seine Handlungsfäden in der Hand hält. Der Dialog gibt sich leichtgewichtig, flott und bei so mancher Schlüpfrigkeit dennoch geistvoll. Als eines der vielen möglichen Beispiele gleich zu Beginn (II/5), als des Grafen Kündigung einschlägt:

Baronin:	„Ließe sich das nicht abwenden?
Gretel:	Freilich wohl! Aber mein Mann ist ein Esel.
Grauschimmel:	Potz Fledermäuschen! Wenn ich auch ein Esel bin, so bin ich doch ein sehr vernünftiger Esel.
Baronin (lachend):	Wie soll ich das verstehen?
Grauschimmel:	Der Herr Graf sieht hübsche Weiber gern. Und meine Grete ist hübsch. Das sieht der junge Herr wohl."

In die Szenenfolge sind Frivolitäten ensuite verpackt. Dennoch ereignen sich keine erotischen Unschicklichkeiten. Und der Zuschauer begreift das durchweg - zu seiner Genugtuung - eher als der Rollenträger auf der Bühne. Und weiß den prickelnden Unterhaltungswert des Textes goutierend sehr wohl zu würdigen. Auch daß der Pächter „seiner" Baronin auf Wunsch der Gräfin „einen derben Schmatz" verabfolgt (II/5), nimmt er schmunzelnd hin.

Diesmal wird das Landleben gegenüber einem urbanen Dasein vorgezogen. Doch der entsprechende Ortswechsel vollzog sich wohl nicht ohne Hintergedanken, wenn die Gräfin (II/1) eingesteht:

„Wie lange habe ich den Wunsch genährt, meinen Gatten aus dem Gewühl der Stadt in die ländliche Einsamkeit zu führen, wo ich seine Treue sicherer hüten könnte."

Täuscht sich darin nicht die Frau Gräfin, wenn der Herr Graf dauernd hinter strammen Bauerntöchtern her ist?

Das während Kotzebues russischer Generalkonsultätigkeit 1812/13 in Königsberg niedergeschriebene Lustspiel wurde in Berlin 1814 uraufgeführt. Erfuhr jedoch weder dort noch in Wien noch in Weimar nennenswert viele Wiederholungen. Obwohl Goethe - „bei den Proben hat er sich bald totgelacht" - von dieser Komödie sehr angetan war. Der Grund lag wohl darin, daß sie ihrer Frivolitäten wegen seitens der öffentlichen Kritik harsch angegriffen wurde. Einer der Zeitungsrezensenten bescheinigte dem Stück die „schreckhafteste Unsittlichkeit." Ein Mann wie Mendelsohn meinte später, der „Rehbock" sei doch wohl das „Infamste, Verwerflichste, Elendste, was der selige Kotzebue geschaffen hat."

Dennoch blieb der „Rehbock" auf den Spielplänen und erwies sich auch noch ein Jahrhundert später als ein Dauerbrenner.

Etwa ein Menschenalter nach der Premiere brachte Albert Lortzing seine wohl geistvollste heitere Spieloper „Der Wildschütz" 1842 in Leipzig zur Uraufführung. Kotzebues Text als eigener Librettist verwertend schuf er dazu eine genial köstliche Musik, die in der bekannten 5000 Taler-Arie einen ihrer Höhepunkte findet. Allerdings nennt sich jetzt der Bruder der Gräfin Baron Kronthal, die Schwester des Grafen Baronin Freimann, und aus dem Pächter Grauschimmel ist der Dorfschulmeister Baculus geworden.

Während Lortzings Ouvertüre fällt ein Schuß. Doch den hat Kotzebue vor dem Aufgehen des Vorhanges zum I. Akt auch schon vorgesehen. Als Huldigung an seinen krepierten Esel.

VIII.

Zusammenfassung

Das literarische Gesamtwerk August von Kotzebues umfaßt auch Romane, Erzählungen, Studien, Reisebeschreibungen, Zeitschriftenbeiträge, Historisches und Autobiographisches, Stellungnahmen, Rezensionen, Schmähschriften zumal. Als Interessantestes an Epischem wohl sein Bericht über die Verschleppung nach Sibirien. Doch seine Bedeutung für die Folgegenerationen liegt nahezu ausschließlich in seinem dramatischen Werk. Als Bühnenautor hat er auf die Gesellschaft seiner Zeit eingewirkt und als solcher ist er auch in die Literaturgeschichte eingegangen.

Sein unvergleichlich weltweiter Erfolg schon zu Lebzeiten gründet sich zu allererst darauf, daß er daß erforderliche Handwerk - in diesem Fall das Theaterhandwerk - souverän beherrscht hat. Von Jugend an mit Liebhaberbühnen vertraut, auf ihnen als Regisseur, zeitweise sogar als Darsteller wirkend, wußte er um die Erfordernisse einer Bühne, auch um ihre Nöte, bis in die Details hinein Bescheid.

Wenn er nun Eigenes für seine Bühne schrieb, so geschah dies niemals aus weltfremder Schreibtischposition heraus, sondern in engstem Kontakt zur konkret realen Umsetzung des Ersonnenen in den praktischen Theaterbetrieb.

Wollte er als Autor mit solcher Theateraufführung nun auch noch Erfolg beim Theaterpublikum erzielen, so mußte er sich sehr deutlich vor Augen halten, was dieses da oben auf den Theaterbrettern sehen, erleben wollte. Wie sich ein guter Kaufmann nach den Wünschen seiner Kunden richtet, so mußte auch ein Kotzebue auf die erwartungsvollen Zuschauer da unten im Theaterrund gleichsam zugehen. Um sie zunächst einmal auf ihre Sitze zu locken, um volle Kasse zu machen.

Mehr als jeder andere Stückeschreiberkonkurrent kannte sich Kotzebue in den Theatererlebniswünschen seiner Besucherklientel aus. Doch aus welchen Bevölkerungsschichten setzte sich eine solche Klientel zusammen? Die Zeit der Wende 18./19.Jahrhundert sah Bürgerliche und Adlige mehr und mehr aufeinander zugehen. Das wirtschaftlich erstarkende, seine Gewerbefreiheit nutzende Bürgertum band sich unauffällig mehr und mehr in die geistigen Bestrebungen der Zeit ein. Zum Anderen ließ die Tyrannei Napoleons Bürgerliche und Adlige jene besonders gefährliche Zeitstufe als gemeinsames Schicksal erleben. Niederadlige und gutbetuchte Bürgerliche ignorierten bisherige gesellschaftliche Grenzziehungen in wachsendem Maße, fanden unter Abbau letzter Vorurteile zueinander, empfanden schließlich eheschließungsbezogene Mesalliancen untereinander kaum noch als Aufsehen erregenden Tabubruch.

Aber auch innerhalb des bürgerlichen Lagers erreichte Kotzebue obere und untere Schichten gleichermaßen. Seine Stücke wurden auch in Kleinstädten, mittels Wanderbühnen in abgelegenen Ortschaften, selbst in Dörfern aufgeführt. Ausgemachte Bildungsbürger ignorierten ihn freilich. Aber Handwerker und Kaufleute aller Einkommensklassen wußten ihn um so mehr zu schätzen. Unter denselben vor allem der weibliche Teil des Publikums, der seine Chance erkannte, einmal so richtig zu Tränen gerührt zu werden. Über solche Tränen lachten natürlich hochintellektuelle Frauen wie die Bettgenossinnen der Gebrüder Schlegel in Jena zur Zeit des Romantikeraufbruchs 1799/1800. Doch die überwältigende Mehrheit der Zeitgenossen Kotzebues betrachtete sein Angebot als höchst willkommen; je anspruchsloser die Zuschauer, als um so dankbarer erwiesen sie sich. Mit einem Wort: er bot ihnen, was sie inmitten ihrer familiären Häuslichkeit sehen wollten. Der Dichter wurde zum schöpferischen

Exponenten eines zeitspiegelnden, bedarfsdeckenden, bürgernahen Theaters. Was nicht ausschloß, daß sich auch Hochadlige, sogar Majestäten an seiner offerierten Theaterkost delektierten. Zufrieden durfte er - beispielsweise - in seinen „Fragmenten über Recensenten-Unfug" registrieren:

> „Alle die Menschen, die in den vornehmen Städten Deutschlands bey Aufführung meiner Stücke Parterre und Logen füllen, lachen und weinen, loben und klatschen."

Zu seiner Werbestrategie gehörten auch gelegentliche Doppelbetitelungen wie „Die Fahrt von Berlin nach Potsdam oder Der Verschwiegene wider Willen", „Bruder Moritz, der Sonderling oder Die Kolonie für die Pelew-Inseln", „Der verbante Amor oder Die argwöhnischen Eheleute", „Der Wirrwarr oder Der Mutwillige", „Das Schreibpult oder Die Gefahren der Jugend."

Was mußte nun Kotzebue seinem Publikum bieten, wenn er es anlokken, bei guter Laune erhalten und obendrein anständige Kasse machen wollte?

Das Zauberwort, welches da als Leitstern und zugleich als ständige Selbstverpflichtung über allen Begrifflichkeiten stehen mußte, war das Axiom „Unterhaltung". Die Menschen unterhalten, zerstreuen, ablenken, vom Alltag lösen und sie niemals langweilen! Wenn die Menschen vor der Bühne zu lachen und zu weinen wünschen, dann ist ihnen hierzu allemal ausreichend Gelegenheit zu verschaffen. Und gleichzeitig ist ihrem Harmoniebedürfnis Rechnung zu tragen. Und das in betont konziliant angenehmer Vermittlung. Darüber war sich Kotzebue nur zu klar:

> „Man will unterhalten und belehrt seyn, aber ohne große Anstrengung und unter der Bedingung, daß

es unmerklich geschehe" (1797 in jenen „Fragmenten").

Auch belehrt sein? Das ist nur in leichter ironischer Färbung zu verstehen. Denn zwischen Unterhaltung und Belehrung liegt ja nun gerade die Schnittstelle, die Kotzebue von den Weimarer Dioskuren trennt.

Ein wahrhaftig seltsames synchrones Geschehen, daß der Durchbruch des Dramatikers Kotzebue zu deutschem, ja europäischem Ruhm mit jener Zeitstufe zusammenfällt, in der die sogenannte Weimarer Klassik in ihre Kulminationsphase tritt!

Wenn Schiller noch in seinem Todesjahr geäußert haben soll: „Kotzebue ist zwar nicht mein Mann, aber er kennt das Theater", so darf - vielleicht etwas pietätlos - gefragt werden: Kannte Schiller seinerseits das Theater wirklich? Der spätere Schiller mit seinen Blankversdramen Don Carlos, Wallenstein, Maria Stuart, Jungfrau von Orleans?

Schiller - weit mehr noch als Goethe - will nicht nur belehren, er will die Theaterzuschauer erziehen. Wie der Prediger auf der Kanzel, der er zu seinem Leidwesen nie geworden ist, wie der Jenaer Universitätsprofessor, der er wurde, der aber nun als Bühnenautor Kanzel- und Kathederheldentum in vollstem Maße auszuleben gedachte. Schiller, der die Theaterzuschauer zu sittlich reifen Menschen veredeln will, arbeitet folgerichtig darauf hin, die Bühne in eine „moralische Anstalt" umzumodeln. Sie soll gerade eben nicht ein „Geistes-, Herzens- und Sinnesbedürfnis" befriedigen, sondern in einem intellektuell-pädagogisierenden Gewaltakt sich zu einer „Stätte moralischer Gerichtsbarkeit" mausern.

Prinzipiell weiß sich auch ein Kotzebue mit Schiller dem „Moraltrompeter von Säckingen", darin einig, daß „der Nebel der Barbarei, des finsteren Aberglaubens verschwindet." Doch er weiß auch: „Der

Mensch ist nicht auf der Welt, um hier schon vollkommen zu werden." Schillers und seine eigenen konträren Funktionszuweisungen an das Theater trennen Beide jetzt voneinander radikal.

In seinen „Fragmenten" Kotzebue: „Ein Dichter, wird man mir einwenden, muß sein Publikum zu sich hinaufziehen. Das mag von mancher Gattung gelten, aber wahrlich nicht vom Schauspiel." Er glaubt ganz einfach an keine charakterliche Veredelung des Menschen im allgemeinen und des Theaterbesuchers im besonderen. Und so heißt es in seinem bedeutsamen Brief an den preußischen Generalintendanten der kgl. Hofbühne Berlin, den Grafen Brühl vom 15.10.1815:

> „Darum glaube ich auch nicht, daß weder Sie noch irgendein Anderer das Publikum jeweils höher hinaufziehen wird, als es jetzt steht. - Sobald ein Schauspiel den Geist mehr beschäftigt als die Einbildungskraft, wird es nimmermehr ein großes Publikum haben. Das Publikum nach und nach erziehen, hieße ..., daß es die Vergnügungen der Einbildungskraft den Vergnügungen des Geistes unterordnete, und das kann selbst Gott nicht."

Nicht Schiller, aber der durchschnittliche Theaterbesucher will das Illusionstheater; nicht Schiller, aber der Theaterbesucher will die phantasieanimierende Guckkastenbühne. Nimmt man Schillers fast nach jeder Seite hin unvergleichlichen „Wilhelm Tell" aus, so hatten die Weimarer Geistesheroen schöpferisch letztendlich nur dem Hochintellektuellen, nicht aber Mann und Frau von der Straße „mit ihrer stumpfen Teilnahmslosigkeit" auf der Bühne etwas Sinnvolles zu vermitteln.

Am erwünschten Zuspruch eines theaterhungrigen Publikums - so Kotzebue in seinen „Fragmenten" - mußten sie und ihre Nachbeter zumindest hinsichtlich des Kassenerfolges scheitern,

„weil sie unpopulär sind. Weil sie einen hohen Grad von Bildung und einen noch höheren von schneller Fassungskraft voraussetzen, welche Eigenschaften man weder in Deutschland noch sonst irgendwo in Europa bei einem zahlreichen und gemischten Publikum voraussetzen darf. - Die Verfasser haben daher sehr Unrecht, über verdorbenen Geschmack zu schreyen, wo es bloß ihre eigene schuld war, wenn sie sich zu einem gemischten Publikum nicht herablassen konnten oder mochten. - Ich glaube, daß ein Mann, der Schauspiele für die Bühne schreibt, zwar ein guter, aber kein erhabener Dichter seyn müsse, weil er sonst nimmermehr auf ein ausgebreitetes Publikum rechnen kann. - Mutet man ihnen (den Zuschauern) hingegen zu, eine Abhandlung mit starrer Aufmerksamkeit zu verfolgen, wo mehrere philosophische Gedanken in wenigen Perioden zusammengepreßt sind und in einer kurzen Minute vorgetragen werden, so flirrt es ihnen vor den Augen. - Und das Bewußtsein ‚nicht ganz gefaßt zu haben, erregt Unbehaglichkeit."

So rät Kotzebue dem Generalintendanten Grafen Bühl, wenigstens in den großen Städten zwei Theater einzurichten: ein moralisches Erziehungsinstitut für die Hochintellektuellen sowie eine Unterhaltungsbühne für das allgemeine Durchschnittspublikum. Das dann Goethes und Schillers gedankenreichen Theaterschöpfungen ausweichen kann; anderenfalls: „Man gähnt, lobt das Stück und sieht es nicht wieder."

Sich selbst als Theatertrivialliteraturlieferanten sieht dabei Kotzebue ganz realistisch:

„Ich weiß selbst besser als irgendein Recensent, daß ich keine Meisterstücke schreibe, und das mir als Schauspieldichter nur ein untergeordneter Rang

gebührt. Die Wirkung meiner Stücke ist hauptsächlich für die Bühne berechnet. Diesen Zweck erreichen sie, und unter diesem Gesichtspunkte sollte man sie beurteilen. Aber das will man nicht. Nun so fahre ich in Gottes Namen fort, sie zu schmähen wie bisher"
(aus dem Vorbericht zu Band I seiner Schauspiele 1797).

Also reines Unterhaltungstheater! Wenn auch mitunter auf höherem Niveau. Unten im Theaterrund will der Zuschauer etwas nachvollziehen können, was ihm in seinem realen Alltagsleben zumindest partiell vertraut ist. Oder in das er seine offenen und geheimen Wünsche, seine Träume vom erhofften Glück hineinprojizieren kann. Das bürgerliche, das niederadelige Umfeld, dort fühlt er sich zu Hause. Dort treten auch die Probleme zwischen den Menschen auf, die der Autor vor seinen Augen zu lösen hat. Und zwar auf angenehme, bekömmliche Weise.

So haben denn für ein Unterhaltungsbühnenstück von vornherein auszuscheiden: Ideologische Predigten und sonstige Einflußnahmen, geistige Diskussionsforen; politische Streitereien; von rigider bürgerlicher Moral geprägtes Gesellschaftsklima; auch von vornherein unlösbare Konfliktsituationen; sozialkritische Postulate; vor allem keine wie auch immer geartete handlungssteuernde Tragik. Der Zuschauer will nicht verunsichert oder aufgeputscht, sondern in sein zuvor gestörtes Gleichgewicht zurückgebracht, notfalls getröstet werden.

Nicht anders als in den Komödien von Lope de Vega, Tirso de Molina und von Calderon steht die richtige Paarung von zumeist jungem Mann und heiratsfähigem Mädchen im Zentrum des Geschehens. Allerdings ohne jeden schauerlichen spanischen Ehrenkodex, sondern eher ins Gemütliche transponiert. Etwa so, wie in Kotzebues Lustspiel „Der Wirrwarr" (IV/4) der Fritz Hurlebusch vor der Doris von Langsalm eine ideale Spießbürgerhochzeit beschreibt:

> „Im Sonntagsrock um ein Mädchen anhalten, von Vater und Mutter da Jawort empfangen, in Gegenwart der ganzen Familie verlobt werden, und endlich die fromme Braut, köstlich geputzt, zur Trauung führen, um unter reichlichen Tränenströmen aller alten Tanten ein herzzerbrechendes Ja hervorzustammeln."

Natürlich müssen in die Handlung Verwicklungen involviert werden, und das wahrhaftig nicht nur zwischen Liebesleuten. Denn Spannung muß unbedingt das Geschehen durchziehen. Und so produziert auch ein Kotzebue wie seine großen und weniger großen Vorbilder Spannungsfelder durch Verwicklungen, Verwechslungen, Verkleidungen. Auch Sensationelles, sogar - wenn es der Modetrend zuläßt - Exotisches kann er einfließen lassen. Hauptsache, die Hindernisse lassen sich wieder abbauen, und das Bedürfnis nach allseitiger Harmonie in der Schlußszene läßt sich erfüllen.

Zum Großmeister eines zentral wichtigen Handlungselementes entwickelte sich Kotzebue bereits in jungen Jahren: der Rührung. Fast immer zielsicher setzte er rührungsauslösende Geschehnisse ein, vorzugsweise mit Wiedersehens- und Erkennungsszenen, die dann auch die Tränendrüsen der Zuschauer, namentlich der Zuschauerinnen stimulierten. Mitleidsanwandlungen, Versöhnungsgesten, verzeihendes Entgegenkommen ergänzten und bereicherten eine ohnehin schon emotional aufgeheizte Atmosphäre.

Anzügliches, Frivoles durfte über die Rampe lanciert werden, wenn der entsprechende Rollenträger ein im Stück anerkannter Tugendbold war. Miesigkeiten von Adelspersonen durften ausgebreitet werden, wenn sie von einem anderen Adligen angeprangert wurden. Scharfer Witz war sogar gefragt, falls er sich als genug geistvoll erwies. Standesgegensätze hat Kotzebue nicht noch besonders hochgespielt. Sie ebneten sich ja auch schon langsam ein. Armer Adelsmann und reiche Bürgerliche gingen oft genug eine in früheren Zeiträumen unmögliche Mesalliance ein; allerdings sahen es auch die Zuschauer lieber, wenn das Bürgermädchen sich am Ende überraschenderweise als Adelssproß zu legitimieren vermochte.

Schnell hatte sich Kotzebue auch als Experte für von Komik gewürzte Situationen durchgesetzt. Aufs Ganze gesehen, hatten die mit komischen Ingredienzien versehenen Stücke noch größeren Erfolg beim Publikum als die, die sich auf bloße Rührungsmache verließen. Seine Lustspiele provozierten besonders starken Applaus, und in seiner Typenliste spielte der Komiker wahrhaftig keine untergeordnete Rolle. Mittelbar sorgte er auch für Gelächter bereits durch die Namensgebung bei einigen seiner Darstellerrollen. So etwa - als kleine Auswahl - führt er vor eine Amalie von Seelenkampf, einen Kammerrat Hippeldanz, die alten Landjunker Brennessel, Kreuzquer, Heldensinn in den „Pagenstreichen", eine Jungfer Nierenkalb, einen Major von Turteltack, einen Herrn von Rückenmark, eine Generalin von Rumpelschanz, den Feuerwerker Knallsilber, den Wucherer Marksauger, ein Fräulein von Quirlequietsch, einen Herrn Balthasar Schwalbenschweif.

Spannung - Rührung - Komik, hauptsächlich nach ihnen richtete Kotzebue sein Erfolgskonzept aus. Dazu meist in einem flotten, vorantreibenden Dialog mit bereits im Voraus haarscharf kalkulierten Bühneneffekten. All das machte ihn zum Theatergenie seiner Zeit. In welcher der Theaterbesuch ein gesellschaftliches Ereignis bedeutete. Und selbst gekrönte Häupter bekundeten dem Autor ihren Respekt, ihre Zustimmung zu dem von ihm so scheinbar mühelos und dennoch wohldurchdachten Unterhaltungstheater. Das in der heutigen deutschen, italienischen, französischen, britischen und Nordamerikanischen Film- und Fernsehwelt mutatis mutandis seine Fortsetzung erlebt.

Kotzebues zu Lebzeiten bedeutendster, mit ihm konkurrierender Rührstückeproduzent war der Berliner Theaterleiter Iffland. Der hob sich von ihm dadurch ab, daß er es nicht bei der bloßen Unterhaltung beließ, sondern oft genug das belehrende, das pädagogische Moment in den Vordergrund schob, darin vielleicht zu stark von Schiller beeinflußt. Obwohl er den Menschen grundsätzlich als gut einstuft, möchte er dennoch dessen Moral noch anheben. Erziehungsfanatischer Aufklärer durch und durch, predigt er auf der Bühne ohne Unterlaß Bürgertugenden und ermahnt seine Mitmenschen, „für Pflicht und Tugend zu dulden". In seinem Toleranzverhalten gibt sich da Kotzebue viel souveräner und weiß seine Umwelt mit so großzügiger wie großmütiger Nachsicht zu behandeln; Postulate fehlen bei ihm völlig.

Das freilich schließt nicht aus, daß in sein dramatisches Schaffen Kotzebue evidente Mängel miteingebracht hat. Trotz vielen „Schönen Seelen" unter seinen Rollenträgerinnen wird nicht nur einmal eine im Szenenverlauf erwartete Gefühlstiefe durch seichte Konversation ersetzt. Psychologisch hinreichende Erfassung einer Person in ihrer Motivation, Aktionsenergie, in ihrer Auseinandersetzung mit widerstreitenden Personen und Mächten fehlt streckenweise ebenfalls. Nur vorgetäuschten Leidenschaften entspricht hohles Pathos. Gegensätze zwischen den Beteiligten werden nicht überzeugend ausgetragen, sondern zu schnell und auch zu gern gleichsam zugekleistert. Und zu flächendeckend werden Akteure billig idealisiert, verklärt. Immer wieder wird dem Zuschauer eine Heile Welt vorgegaukelt, was ihm zwar schmeicheln und behagen mag, aber den unbestechlichen Blick in die Wirklichkeit seines Umfeldes verstellt, zumindest trübt.

Der gegen Kotzebue von Zeitgenossen erhobene massivste Vorwurf geht freilich heute ins Leere: der einer Verbreitung von Sittenlosigkeit im Theater. Zwei Jahrhunderte später vermögen es die Menschen nicht mehr zu begreifen, wie sich große Teile der damaligen Bevölkerung lauthals darüber erregt haben, wenn ein Mann eine Frau trotz deren Fehltritts heiratet oder gar wie in „Menschenhaß und Reue" als Ehemann ihren Ehebruch verzeiht. Sexueller Verkehr eines Mädchens vor der Ehe oder gar dessen Austragung eines unehelichen Kindes vermochten damals gelegentlich zu tumultuarischen Protesten zu führen. Vor allem seitens der - nicht aller - Zeitungskritiker wurde Kotzebue als Herold der Sittenlosigkeit mit Hilfe seines Theaterbetriebes angeprangert. In seinen „Fragmenten" wandte sich der Dichter entschieden gegen solchen „Recensentenunfug":

> „Die Hauptquelle aller Bitterkeiten, die mir seit sechs Jahren in so reichem Maße zugemessen wurden, heißt Neid. - Und wäre es dann in der Tat unmoralisch, zu glauben, daß ein gefallenes Mädchen doch wohl ein gutes Mädchen sein könnte? Habe ich denn jemals die Entschuldigung einer Schwachheit mit der Verteidigung der Unsittlichkeit vermischt?"

Und die beiden Schlegel in Jena dürften wohl die Inkompetentesten gewesen sein, Kotzebue Sittenlosigkeit vorzuwerfen; über deren Partnerinnen Freund Ludwig Tieck an seine Schwester im Dezember 1799 schrieb: „Man könnte ordentlich juvenalisch über diese Huren werden." Doch selbst ein abwägender Geist wie Eichendorf urteilt über Kotzebue: „Mit boshaftem Instinkt wußte er Liederlichkeit durch sogenanntes Gutes Herz, gefallene Mädchen durch leichtfertige Tränen unter die Haube zu bringen." Die Stellungnahmen zu seiner „Unmoral" bei Herder, Humboldt, Arndt, Brentano und Schleiermacher lauteten eher noch negativer. Der Angegriffene schließlich achselzuckend:

> „Man dichtet mir Sittenlosigkeit und Unmoral an, obgleich in dem dicksten Bande Predigten nicht mehr Moral enthalten ist als in meinen Schauspielen, die überdies nicht so langweilig sind als jene."

Dabei war Kotzebue für seine Person ein sittlich integrer Mann. Zwei Ehefrauen überlebte er. Die mit Friederike von Essen geführte Erstehe 1784-1790, die mit Christiane von Krusenstern geführte Zweitehe 1794-1803 und auch die Drittehe nochmals mit einer Krusenstern dürfen als glücklich bezeichnet werden. Als russischer Generalkonsul teilt er unter dem 27.1.1815 aus Königsberg seinem Freunde Böttiger in Dresden mit:

> „Übrigens bin ich glücklich durch eine der besten Frauen, die Gott geschaffen hat, und durch zwölf lebendige Kinder, davon elf mir Freude machen."

Als sein negativster Charakterzug darf hingegen seine Streitsucht angesprochen werden. Wollte er durch Pressepolemiken Werbung für eigene Theaterstücke betreiben? Seinen Bekanntheitsgrad erhöhen? Oder litt er unter aggressionsauslösender Neurose?

Das zugunsten des Arztes Zimmermann verfaßte Pamphlet „Dr. Bahrdt mit der eisernen Stirn" (1700) machte ihn jedenfalls eher negativ als positiv berühmt. Sein Eingreifen in eine bereits Jahre andauernde literarische Auseinandersetzung erwies sich in der Sache als völlig unnütz, infolge sprachlicher Obszönitäten und eingestreuter Textzoten als äußerst nachteilig unter seinen davon angewiderten Zeitgenossen. Als dann auch noch die anfängliche Anonymität wegfiel, vergraulte er sich auch noch die Zuneigung bisheriger Sympathisanten und löste ein weit verbreitetes Ärgernis aus. Selbst Zarin Katharina II. zeigte sich davon höchlichst befremdet. Und der brutalkritische Wolfgang Menzel verabscheute den „Dr. Bahrdt" Kotzebues,

„worin er sich buchstäblich im Kot wälzt". Und der sei „noch bei weitem nicht sein ehrlosestes Buch."

Als ebenso sinnloses Pamphlet erwies sich später (1799) der „Hyperboreische Esel oder die heutige Bildung." Warum Textstellen in Friedrich Schlegels „Athenäum" und Roman „Lucinde" satirisch aufgreifen? Was dann umgehend mit A.W. Schlegels Gegensatire „Ehrenpforte und Triumphbogen" beantwortet wurde, die Kotzebues seichte, rührselige Vielschreiberei geißelt. Obschon dieser sich nicht sonderlich beeindrucken ließ „von dem Schlegelschen Mehltau, der über mir ausgegossen wurde."

Pamphletähnlich wirkten auch in seinen letzten Jahren die Attacken gegen die deutschen Burschenschaften, deren revolutionäre Forderungen gegen Staat und Gesellschaft er nicht nur als gemeingefährliche Frontbildung zurückwies, sondern darüber hinaus staatliche Stellen auch noch aufforderte, an den Universitäten ein effektives Kontrollsystem einzurichten. Mittelbar kostete dies ihm das Leben. Hierzu Goethe zu Eckermann:

> „Kotzebue wurde lange gehaßt, aber damit der Dolch des Studenten sich an ihn wagen konnte, mußten ihn gewisse Journale erst verächtlich machen."

Kotzebues Kontakt zu Goethe basierte auf der Beziehung eines herzoglich-weimarischen Theaterdirektors zu einem externen Bühnenautor. Sicherlich wird Goethe die ihm immerfort zugehenden Mitteilungen nicht behagt haben, daß die Aufführungszahlen der Stücke jenes Autors die gemeinsamen Aufführungszahlen seiner und Schillers Theaterstücke um ein vielfaches überstiegen. Aber der Herzog/Großherzog erwartete von seinem Starfavoriten, daß er volles Haus, volle Kasse machte. Und Weimars Bürger erwarteten nun einmal vom Herrn Geheimrat, daß er ihnen mit spannender Unterhaltung die Langeweile vertrieb.

Sehr wohl erkannte der Theaterdirektor, bis zu einem gewissen Grade auf den meistgespielten Autor jener Zeitstufe angewiesen zu sein. Er lobt dessen „Talent", garantiert „die Zuschauer zu unterhalten und der Kasse zu nutzen." Abgesehen von der Bühnenerfahrung imponierte ihm dessen Meisterung des Handwerklichen namentlich in der wirksamen Aktionszielstrebigkeit, Dialogführung und Überraschungsfähigkeit, überhaupt dessen „ausgezeichnetes Talent für alles, was Technik betrifft." Obendrein: „Auch das Sentimentale hat er in seiner Gewalt. Die Zwiebel, mit welcher man den Leuten das Wasser in die Augen lockt, weiß er zu gebrauchen wie wenige." Und so sind denn unter Goethes Direktorat 87 Stücke Kotzebues auf der Weimarer Bühne gespielt worden.

Doch Goethe wußte klar zu unterscheiden: „Kotzebue war gewiß kein Dichter von Rang" und habe die Zuschauer nie wirklich bilden wollen: „Ein vorzügliches, aber schluderhaftes Talent!" Und beide wohnen inne „in seinem Wesen eine gewisse Nullität, die ihn nötigte, das Treffliche herunterzusetzen, damit er selber trefflich erscheinen möchte." Dennoch Goethe 1817: „Er bleibt in der Theatergeschichte immer ein höchst bedeutender Meteor." Und noch im Jahre 1823 äußert er nach Kotzebues Tod zu Eckermann: „Wenn er in seinem Kreise blieb, und nicht über sein Vermögen hinausging, so machte er in der Regel etwas Gutes."

Die Unzuträglichkeiten zwischen beiden Männern anläßlich der geplanten Aufführungen der „Deutschen Kleinstädter", die letzthin auf der Gebrüder Schlegel Theaterpremieren von „Jon" und „Alarcos" zurückgingen, warfen dann ihre Schatten. Freund Böttiger erfährt im Januar 1803 aus Berlin:

„Goethe hat mich als Dichter und Menschen elend behandelt, er hat nicht einmal die gewöhnlichsten Höflichkeiten gegen mich beobachtet. Noch zuletzt hat er meine Stücke sehr hämisch herabgewürdigt und sie noch unter die Ifflandischen gesetzt. - Goethe hat mich zu übermütig beleidigt, als das ich ganz still dazu schweigen könnte."

Und im März 1815, nachdem der „Graf von Gleichen" über die Weimarer Bühnenbretter ging, schreibt er an Böttiger:

„Die Narren ahnten dabei garnicht die Parodie von Goethes Stella. Goethe, herrischer denn je, schäumte und wütete darüber wie ein angeschossener Eber."

Im Zeitpunkt seiner Ermordung umfaßte Kotzebues Gesamtoeuvre etwa 220 bis 250 dramatische Formungen, davon über 100 Lustspiele und Possen. Den 60 Schauspielen und 15 Trauerspielen sind noch 13 Vor- und Nachspiele, 11 Parodien, 5 Travestien und 17 Opernlibretti hinzuzurechnen. Zahlenmäßig erreichte er damit immer noch nicht den Spanier Lope de Vega. Doch im deutschen Sprachraum jener Zeit steht er jedenfalls in der Quantifizierung einsam da. Zu zählen vermochte er das von ihm Geschaffene am Ende selbst nicht mehr. Er, der ein Theaterstück mühelos in drei Tagen niederschreiben konnte, äußerte vor seinem Tode, ein Drittel seiner Werke würde er am liebsten ungeschehen machen.

Seine qualitätsvolleren Bühnenstücke wurden in alle Kultursprachen übersetzt und über seinen Tod hinaus auf den meisten europäischen Theatern bis in die Zweithälfte des 19.Jahrhunderts hinein aufgeführt. Doch auch schon zu Lebzeiten durfte er sich rühmen, der international am meisten gelesene und gespielte Dichter seiner Epoche zu sein. Daß das ihm erheblichen Wohlstand einbrachte, freilich für heutige Verhältnisse längst nicht sagenhaften Reichtum, lag an der

damaligen Urheberrechtssituation, welche die Theater nur so lange
zu Tantiemezahlungen an den Autor verpflichtete, als sein jeweiliges
Werk noch nicht im Druck erschienen war. Mit einigem Stolz durfte
er von sich vermelden:

> „Nicht eines, sondern viele, und fast alle meine
> Schauspiele sind in das Englische, Französische,
> Holländische, Italienische, Russische, Schwedische,
> Dänische, Polnische, manche in das Spanische, Por-
> tugiesische, Ungarische, Böhmische, und eines so-
> gar in das Neugriechische übersetzt. Ist es wohl
> denkbar, daß alle diese Nationen an deutschen Con-
> cettis und gehaltlosen Witzspielen Geschmack fin-
> den, die ohnehin sich selten übersetzen lassen? Daß
> alle diese Nationen „Zweideutigkeiten" lieben? Daß
> das Publikum jeder dieser Nationen ungebildet oder
> zum Teil unsittlich sei? Sollte ich nicht vielmehr
> ganz Recht haben, wenn ich mir einbilde, daß der
> Beifall, welche meine Stücke in Madrid wie in Bo-
> ston, in Paris wie in Moskau eingeerntet, bloß dem
> Umstande zu verdanken sei, daß sie durch lebhafte
> Einbildungskraft wiederum die Einbildungskraft
> aller Völker erregen?"

Während Goethes Theaterdirektionsära 1791-1817 wurden auf der
Weimarer Bühne von Kotzebues Stücken ihrer 667 mal aufgeführt,
Schiller hingegen nur 330 mal, Goethe selbst 148 mal. Die Ver-
gleichszahlen für die kgl. preußische Bühne in Berlin für den Zeitraum 1789 bis 1830: Kotzebue 1974 gegenüber dem hauseigenen Iffland 498, Schiller 610 und Goethe 173 mal. Aufführungserfolge aber
auch im Ausland, wie sie bisher kein anderer deutscher Bühnenautor
auch nur im Entferntesten zu erzielen vermochte. Noch kurz vor der
Jahrhundertwende meldet Paris triumphale Aufführungen von
„Menschenhaß und Reue", kurz nach der Wende ganz ähnlich Willi-
am Dunlop, Theaterchef in New York, der Kotzebue dringend um die

Zusendung weiterer Bühnenstücke bittet. „Indessen vergeht kein Tag, an welchem nicht auf dem deutschen, französischen, oder russischen Theater ein Stück von mir gegeben würde." Eine von Wien aus durch Süddeutschland angetretene Besuchsreise reiht einen auch persönlichen Triumph am den nächsten. Auch in kleineren Städten und Residenzen volle Kassen und brausender Applaus, der ihm als dem anwesenden Autor entgegenbrandet. Allein wieder einmal „Menschenhaß und Reue" erlebte bis zum Jahre 1860 an die 80 Übersetzungen; und im Ausland war es Theaterprofis und Zuschauern völlig egal, ob das Verzeihen des Baron Meinaus gegenüber seiner ehebrechenden Frau als unmoralischer Tabubruch zu gelten hat und zu geißeln ist oder nicht. - Auf der Höhe seines musikalischen Schöpfertums bittet Beethoven ihn um ein Opernlibretto:

> „Mit Dank werde ich annehmen, wie der Gegenstand auch immer sei, wenn etwas von Ihnen kommt, von Ihrem poetischen Geiste, das ich in meinen musikalischen Geist übertragen kann."

In Privataudienzen wird Kotzebue empfangen nicht nur von Napoleon, vom preußischen König, von den Zaren, vom Kaiser in Wien, sondern anläßlich einer Italienreise auch von Neapels Königin Karoline.

Doch nur wenige Jahre nach seinem Tod, als seine Stücke immer noch volle Häuser machten, wurde der Dichter seitens der Hochintellektuellen, der „Gebildeten", der sich über dem Alltagsleben erhaben Wähnenden endgültig als unseriöser Vielschreiber disqualifiziert. Der Dichter Graf Platen ätzend: „Er schmierte, wie man Stiefel schmiert, /Verzeiht mir diese Trope, /Und war ein Kind von Fruchtbarkeit / Wie Calderon und Lope." Noch bissiger der spotterfahrene Wolfgang Menzel als vermeintlicher Literaturpapst seiner Zeit:

> „Die ganze Gesellschaft, die er uns auf der Bühne vorführt, besteht aus edlen Lügnern, edlen Betrü-

gern, edlen Hahnreis, edlen Huren, edlen Kupplern etc. - Er machte den Parnaß zum Bordell und übernahm die Kupplerwirtschaft."

Auch wenn Gutzkow auf der Dresdener Hofbühne, Laube im Wiener Burgtheater solchem um sich greifenden Trend, Kotzebue wieder einmal als Sittenlosen abzustempeln, entgegenzuwirken versuchten, für die Zweithälfte des 19.Jahrhunderts festigte sich auch in weiteren Kreisen das Vorurteil, Kotzebue sei quasi eine Schande der Nation. Aufführungsmäßig überstanden seine Stücke zwar noch die Ära der inzwischen in Mode gekommenen Schicksalsdramen eines Zacharias Werner, eines Müllner, eines Houwald, aber seine angeblichen Direktnachfolger wie die Weißenthurn, Raupach oder die Birch-Pfeiffer beherrschten eben doch nicht so genial das Theaterhandwerk, um Kotzebues Linie erfolgreich zu prolongieren.

Was wird von ihm, der nach Gottsched und der Neuberin endgültig französische Schauspiele aus den deutschen Spielplänen verdrängte und in seinem Land ein eigenständiges Unterhaltungstheater verankerte, noch für die Gegenwart bleiben? Außer den vorstehend besprochenen Meisterdramen? Außer den „Stricknadeln" unter den „Rührseligen", außer dem „Wildfang" und den „Pagenstreichen" unter seinen Lustspielen? Außer drei in einen Theaterabend gepackten Einaktern wie etwa „Gefährliche Nachbarschaft", „Tochter Pharaonis" und „Der weibliche Jacobiner-Klub"?

Mag es gemessen am Gesamtoeuvre auch nur sehr, sehr wenig sein, was ihn unter heutigem Blickwinkel überlebt hat, für die Zukunft kann das handwerkliche Theatergenie Kotzebue durchaus seine Bedeutung gewinnen, begrenzt zurückgewinnen. Sicherlich nicht mit seichten Alltagsamouren, sicherlich nicht mit sentimental platter Rührseligkeit, und gewiß auch nicht mit unwahrscheinlichen Überraschungen. Doch es lohnt sich allemal, in seinem überreichen Fundus auf Suche zu gehen. Nicht nur für Teleprogrammatiker und Filmemacher, sondern auch für spezielle Theaterdramaturgen. Die gerade den Deutschen so selten zu Gebote stehende leichte Hand in der Dialogführung, im Handlungsaufriß, in der angenehmen Vermittlung eines spannenden Unterhaltungssujets, sie wird sich immer wieder als willkommen, als notwendig erweisen. Dessen Talent ihm - um Goethe zu wiederholen - so „viele Mittel in die Hand gegeben hat, die Zuschauer zu unterhalten und der Kasse zu nutzen."

www.ingramcontent.com/pod-product-compliance
Lightning Source LLC
Chambersburg PA
CBHW020126010526
44115CB00008B/993